Cómo vencer la adversidad

Resiliencia

Grupo ROBIN BOOK
Barcelona - México
Buenos Aires

Elías Kateb

Cómo vencer la adversidad

Resiliencia

La fuerza vital para continuar tu camino

autoayuda
ROBIN BOOK

Diseño de cubierta: Regina Richling
Fotografías de cubierta: iStockphoto
Diseño interior: iScriptat

ISBN: 978-84-9917-131-9
Depósito legal: B-24.802-2.011

Impreso por S.A. DE LITOGRAFIA,
Ramón Casas, 2 esq. Torrent Vallmajor,
08911 Badalona (Barcelona)

Impreso en España - *Printed in Spain*

Índice

Capítulo III

Introducción

Las ciencias humanas avanzan sin cesar. Las últimas décadas nos han proporcionado una visión nueva del ser humano. Las investigaciones sobre la mente, el cerebro y el comportamiento nos dan nuevos y sorprendentes datos sobre nuestras capacidades. La resiliencia es un ejemplo. Un concepto reciente del que cada día sabemos más. Vamos a ver a lo largo del libro sus orígenes, en qué se basa y para qué puede servirnos. Descubrir sus valores nos ayudará a afrontar las adversidades de la vida.

Los psicólogos se plantearon en la década de los años noventa una cuestión. ¿Por qué había niños que criados en situaciones de alto riesgo eran capaces de salir adelante y llegar a adultos con una vida normal? Los estudios llegaron a la conclusión de que poseían unas fortalezas internas. Los llamaron valores resilientes. Son unos potenciales que todos poseemos. Si los conocemos, si los descubrimos, si los cultivamos, crearemos un escudo protector para resistir y superar los embates de la existencia. Dedicaremos el último capítulo a ver una manera de desarrollarlos, a la luz de la psicología positiva, y cómo podemos potenciarlos en nuestras vidas.

Este es un libro sobre las capacidades humanas y el optimismo vital. No se trata sólo de un libro de recetas para solucionar los problemas, es un libro para reflexionar, pensar, y tener motivos convincentes en los que creer y por los que vivir. Las recetas sencillas no existen, sí en cambio las ideas sobrias y bellas. Para que un concepto fructifique hay que cuidarlo. Hay que recordarlo, a ser posible cada día. De esta manera acaba formando parte de nosotros. Las antiguas tradiciones nos decían que somos lo que pensamos. La psicología moderna nos lo confirma. La calidad de los pensamientos se proyecta en nuestras vidas. Dejémonos imbuir del espíritu positivo, del optimismo, de la confianza, de la esperanza. Es el camino a la felicidad duradera. Dejemos actuar al Pensador que llevamos dentro. Seamos conscientes de nosotros, de lo que queremos ser, de lo que queremos pensar, y seremos nosotros mismos.

Cuando escribía este libro también pensaba en las personas que conozco. Todas han pasado por trances difíciles. No conozco a nadie que pueda decir lo contrario. Pero no por ello tenemos que pensar que el estado normal de las personas es la melancolía o la preocupación. Vivir circunstancias trágicas o dolorosas no nos tiene que impedir continuar siendo felices. Y lo afirmo en base a mi propia experiencia personal. Lo acabé de redactar mientras me trataba una leucemia. Conté en todo momento con el apoyo de mi familia y amigos. Por tanto, mis opiniones no se basan sólo en los estudios y experiencias de los demás, sino en la mía propia. Si tú amigo lector, estás de acuerdo con ello, entonces disfrutarás de la lectura de este libro. Si en cambio, ahora no lo ves así, la pretensión que me ha guiado es ayudarte a encontrar una respuesta a la paradoja que te acabo de presentar.

Elias Kateb Poveda
http://elnath.wordpress.com

Capítulo I

Resiliencia, palabra clave

Crisis, crisis, crisis

En la vida hay momentos en que tenemos la sensación de que todo se nos tuerce. Como si el mundo se nos pusiera en contra. Los problemas golpean con insistencia nuestra puerta. La llamada de las visitas inesperadas. Las que nadie quiere que lleguen. Las que nadie desea abrir. Llegan bajo la forma de una ruptura sentimental, de la pérdida del trabajo, de la muerte de una persona próxima, de una enfermedad, de un accidente imprevisto, de una tragedia colectiva. Cuando atraviesan el umbral de nuestra vida, cuando afectan a las cosas que nos importan, sentimos un nudo en el estómago, un vuelco en el corazón. Nos sentimos abatidos, dolidos, cansados, podemos llorar amargamente. Es el preludio de una sinfonía dramática, la sensación de que algo está a punto de pasarnos. Porque intuimos que una parte de nuestro ser no volverá a ser la misma de antes, se va a transformar seguro, y quizás desaparezca para siempre. Tal vez nos toque sufrir. Un padecimiento que puede ser largo. Entonces puede que suceda lo peor, que estalle una crisis en nuestra vida.

La palabra *crisis* proviene del griego «Krino», que quiere decir cruce de caminos. Significa un punto de inflexión en la existencia. Síntoma también de ruptura con algo. Un cambio brusco. Su aparición furiosa, su llegada imprevista nos va a obligar a tomar una decisión. Seguro que va a ser dolorosa, costosa y tal vez muy complicada. Tendremos que separarnos de algo que quizás sea importante, de una parte de nuestros mismos. Algo que nos ha costado mucho tiempo forjar y construir. Habrá que dejarlo atrás, hacer de tripas corazón y abandonarlo, si es que podemos avanzar. Las despedidas siempre tienen un punto de tristeza. Nuestro estado de ánimo se va alterar, y lo más probable es que aparezca la inquietud. Ese sentimiento casi inevitable, a la espera de nuestra debilidad, que llega para quedarse y del cual puede surgir la primera chispa del miedo. Otro compañero ineludible de la naturaleza humana. El miedo, cuando asoma en nuestras mentes, cuando viene a nosotros revestido de la angustia sobre lo que nos depara el futuro, sobre lo que nos pueda pasar, va a prender fácilmente. Un fuego que nos va a costar apagar.

Inquietud y temor, ¿qué podemos hacer para superarlos? Nadie se libra de los problemas repentinos. Si pensamos que podemos quedar al margen, basta que recordemos los accidentes de coche. Seguro que vamos a encontrar un ejemplo próximo. Los números son inapelables. Cada año se repiten y se van a repetir. A pesar de los intentos de las entidades responsables de velar por la seguridad. Los anuncios de las campañas de prevención intentan llamar la atención sobre la gravedad del problema. Las noticias de los medios resaltan el número de muertos, sólo dicen si es mayor o menor que otros años. Unas cifras únicamente. Pero no hablan para nada de los miles de personas que quedan gravemente discapacitadas para el resto de sus vidas, algunas en edad muy temprana. Ni de las familias que tienen que afrontar esa triste pérdida o esa grave situación. Las consecuencias suelen ser vidas y esperanzas frustradas, familias rotas, destrozadas. La pérdida de un ser querido es uno de los sucesos más estresantes que nos pueden suceder a cualquiera de nosotros. Los estudios lo demuestran. En el caso de los accidentes, el impacto emocional se agrava por la terrible sorpresa que supone la noticia. Como dice Rafael Alberti:

> «Y al fin el accidente inesperado,
> el golpe oscuro de la desventura,
> el ciego encontronazo,
> la segura clara certeza de que te han matado».

Pensemos que al dolor que conlleva la propia tragedia, hay que añadir el que generan todos los acontecimientos que viven las personas que sufren esta dura experiencia: entierros, hospitales, juicios, seguros, entre otras más y, lo que es peor, ante los que nadie les ayuda. Las asociaciones de víctimas y los estudios de seguimiento realizados destacan que las consecuencias posteriores, tanto psicológicas como psíquicas, son muy importantes: miedos, insomnios, depresiones, fobias, incluso problemas con el alcohol, problemas en el trabajo o en las relaciones personales. En muchos casos, cuando la víctima lo es por una triste casualidad, por simple azar, no será sencillo dar una respuesta a la pregunta existencial de ¿por qué nos ha tocado a nosotros? ¿por qué me ha tocado a mí? Según los datos que proporcionan algunos organismos más del 90 por 100 de los afectados vive esta desorientación. Una situación en la que la mayoría de las veces está acompañada de una profunda sensación de abandono.

Y a la pregunta «¿por qué me ha tocado a mí?, ¿podemos darle una respuesta?»

Es un ejemplo, pero podríamos citar otros más. Pensemos además de que a la crisis humana, sea familiar o personal, se le puede sumar en un contexto social otra mucho más amplia. Las crisis están a la orden del día. Podemos oír y leer cosas como, «el mundo vive una crisis global», «la crisis económica», «la crisis de valores», «las instituciones están en crisis». Estos titulares nos están diciendo que algo algo no va bien, que va a cambiar o está cambiando y que nos puede afectar de una manera u otra. Frases de ese estilo, repetidas una y otra vez en los medios de comunicación, en lugar de tranquilizarnos contribuyen a aumentar nuestro pesimismo. Otra vez, inquietud y miedo. En el momento de escribir este texto tenemos el ejemplo vivo de la crisis económica que empezó en la pasada década. Todos la conocemos, la hemos notado, hemos visto muy de cerca sus efectos. No cabe duda que ha marcado y marcará en muchos sentidos la vida de casi todos nosotros. Una realidad, dura y triste, con la que nos ha tocado convivir. ¿Cuántos de nuestros amigos, vecinos o familiares se han encontrado de repente o bien sin trabajo o bien con deudas insostenibles? ¿Cuántas empresas, grandes o pequeñas, se han visto obligadas a cerrar o a subsistir con fuertes recortes y con perspectivas poco halagüeñas? Por otro lado, la tragedia del paro, de la desocupación, afecta a un gran número de personas; muchas de ellas sólo tienen una mínima ayuda o tal vez ni eso. Y cada vez más familias, que antes de la crisis iban bien, ahora acuden a las escasas ayudas sociales o a la caridad como solución para poder sobrevivir. En estas circunstancias es lógico que cunda el desánimo, por la inseguridad, por la falta de estabilidad. Nadie sabe cómo y cuándo se recuperará la economía y acabará esta pesadilla. Hay mucha incertidumbre, no se sabe qué pasará, y aumentan sentimientos como el desaliento. En medio de la desorientación general de los dirigentes, sean políticos o sociales, pocas voces optimistas acuden a contrarrestar la desmoralización existente.

¿Nos hemos parado a preguntar qué tipo de sentimientos nos causa esta crisis económica? Con motivo del X Symposium de Psiquiatría celebrado en el mes de enero del 2011 en Barcelona, patrocinado por Laboratorios Almirall, el profesor de psiquiatría, Miquel Roca afirmó que la crisis ha provocado un aumento del número de personas que se sienten hundidas e incapaces de sobreponerse debido a los problemas económicos. Los datos de un estudio que lidera constatan un aumento del 20% en los trastornos nerviosos, ansiosos o adaptativos en comparación con las épocas anteriores. Según otro estudio, las personas hablan de cuatro sentimientos, que son malestar, preocupación, desconcierto y temor. Es cierto que no afectan de igual manera a todas las personas, y que dependerá de las vivencias y circunstancias propias el alcance y la manera. Y es muy posible que seamos capaces de sobreponernos a algunos de ellos. Pero lo que es cierto es que al menos la incertidumbre sobre el futuro persistirá, porque nadie sabrá qué es lo que vendrá tras ella y como podrá afectarnos. Pensemos que la pérdida de nivel de vida, o la posibilidad de vivir con estrecheces puede generar en las personas afectadas una serie de reacciones equiparables a las de la pérdida de lo más querido. Y no lo tenemos en cuenta. A nivel psicológico en estas personas afectadas se genera frustración, tensión, desaliento, y se suma al tipo de crisis personal, que va a repercutir en su entorno más próximo.

Los trastornos nerviosos, ansiosos o adaptativos aumentan en un 20% en época de crisis.

No hay nada nuevo bajo el sol

Una frase conocida. Proviene de la Biblia, del libro del Eclesiatés y nos recuerda que las crisis sociales tampoco son nuevas. Siempre han estado presentes en la historia de la humanidad. No hace falta una crisis económica y social, local o global, como la de esta época para que tuviéramos que rememorar su existencia. ¿No recordamos que el mundo ha vivido otras situaciones peores? ¿Acaso la generación anterior, nuestros padres y abuelos, no sufrieron los efectos de una guerra cruel? Hace algunas décadas se publicaba un diario llamado *La Farola*, cuyo propósito era conseguir mediante su venta un salario de supervivencia para personas en situación de pobreza. Cada una de las cuales tenía algo que contar. El diario recogía una historia diferente en cada edición. Ya entonces había pequeños empresarios, cuyos negocios se habían ahogado por las deudas. Hombres de negocios, ejecutivos, abogados, cuyas vidas se habían visto afectadas por errores o decisiones arriesgadas y que al final habían repercutido en su ambiente familiar. Muchos trabajadores y personas normales que habían agotado los recursos económicos y se veían obligados a pedir caridad, dormir en la calle, o acudir a los albergues sociales. En uno de ellos hablaba Desiderio, que en los años noventa había sido propietario de un restaurante en una zona industrial de una gran ciudad. Le bastaba para ir tirando y poder mantener a su familia. Un día decidió acometer reformas para ampliar el negocio y solicitó un préstamo. Al poco tiempo empezaron a disminuir los ingresos, el número de clientes fijos descendió, y cuando se dio cuenta, las pérdidas le ahogaban. Se vio obligado a cerrar y a malvender su negocio. Ese cierre llegó acompañado de una crisis en su vida matrimonial, y acabó divorciado, sin recursos. Entonces se lamentaba, según sus propias palabras, de que «después de tantos años de esfuerzo y duro trabajo, sorteando los impuestos, las inspecciones, los pequeños hurtos o las averías ocasionales, acabaran al traste por una extraña crisis». Una extraña crisis, hace veinte años. En su caso gracias a la venta del diario y el apoyo de una institución consiguió salir de su depresión, y volver a trabajar de camarero y rehacer su vida sentimental. Volveremos más adelante a hablar del apoyo familiar o social para salir de las crisis.

Aunque esta historia sea antigua, bien podría estar sacada de cualquier diario publicado hoy en día, en cualquier lugar. Basta comprobar en la prensa actual la cantidad de testimonios relacionados con la reciente crisis económica. Fijémonos por ejemplo en algunas cosas que dicen las personas más afectadas; cuenta un trabajador que «nadie nos avisó de lo que pasaba, ni los directivos, ni los sindicatos, de la noche a la mañana nos despidieron, me echaron a la calle», y otro cuenta «mi empresa iba bien, hasta que sin saber porqué fue absorbida por una multinacional que se llevó la producción a otro país». En un reportaje emitido por una cadena pública de televisión a raíz de los innumerables desahucios que esta crisis ha provocado, decía una persona: «me echaron de mi casa con dos hijos de un día para otro, tras llevar más de diez años en ella y haber estado pagando media vida», y otra: «empecé a acumular deudas sin darme cuenta, hasta que la hipoteca me asfixiaba y no pude pagarla».

> Las crisis, los problemas, las adversidades van a aparecer en nuestra vida cuando menos lo esperemos. ¿Hay alguna manera de aliviar su impacto?

La conmoción personal puede ser muy dura, a veces terrible. Estos testimonios hablan de inevitabilidad. Y no olvidemos que como dice un refrán, los problemas nunca vienen solos. Vienen en cadena, en procesión, como si el primero trajera como consecuencia al segundo y así sucesivamente. ¿Es realmente así o es así como nosotros lo vemos? ¿Es nuestro estado de ánimo el punto clave? ¿Vienen los problemas seguidos, o estamos tan desfallecidos, tan decaídos, que en realidad lo vemos todo negro, distorsionado?

> Abdul vivía en un pueblo cerca de Bagdag. Era un hombre cabal, prudente y sabio. Un día, al anochecer, mientras acababa sus plegarías nocturnas, recibió una visita inesperada. Una dama oscura, pálida y silenciosa. Abdul, le preguntó: «¿Qué buscas?». Ella le dijo: «Soy la Peste, voy hacia Bagdag». Entendiendo la tragedia que se iba a producir, nuestro hombre le suplicó: «Te ruego que les perdones. Te ruego que te vuelvas». Sin embargo, la Enfermedad fue taxativa: «No puedo. Pero ya que

> me lo pides, sólo mataré a diez hombres». Y se marchó. Al cabo de unos días llegaron al pueblo noticias. Las caravanas huían de Bagdag alarmadas por el desastre. Las muertes se contaban por cientos. A las dos semanas, la Peste se cruzó de nuevo con Abdul. Regresaba después de su cruel cometido. Le preguntó: «Me aseguraste que solo acabarías con diez personas». La terrible viajera respondió: «Y así lo hice. El resto murió de miedo»

¿Realmente todas las causas de las crisis son ajenas a nosotros? Este cuento antiguo es muy significativo, puesto que nos avisa de que en parte no es así. De que si nos dejamos sucumbir e imbuir por el miedo, estamos perdidos. Pensemos por un momento al referirnos a la situación con las palabras «nadie nos avisó», «llegó de manera inesperada» quizás fuera algo más real haber dicho, «nos cogió en el peor momento», o tal vez «no estábamos preparados para lo que se nos vino encima». En el caso de la crisis económica es evidente, ¿hacía falta la actual burbuja inmobiliaria para justificar los despidos en las empresas?, ¿era necesario eso para que algunas compañías dijeran que van mal y que se encontraban en pérdidas? ¿o que los juzgados echaran a las personas de sus casas? Pero lo podemos aplicar a otras muchas cosas ¿hay alguna cosa que consideremos segura, el trabajo, nuestra situación económica, nuestro hogar, nuestra salud, nuestra vida? Reflexionemos un momento.

¿Dónde radica la seguridad de nuestra existencia?

La llegada de una crisis va a provocar cambios. Va a causarnos una perturbación, un pequeño o gran trastorno en la vida personal, quizás una desestabilización. Aquello en lo que creemos, en lo que confiamos, puede dar por tierra, quedar hecho pedazos. Valores, personas, ideas o principios, de repente se derrumban. Y llega el conflicto. Un conflicto puede desembocar en un peligro. A veces ese peligro se agrava con la ofuscación y el querer no ver la realidad. Es fácil que nos creamos, que nos convenzamos de su inevitabilidad. De que acaso sea el «destino» que nos ha tocado a nosotros. Muy fácil. Pero el auténtico peligro, el primer hito de este cambio, la primera cosa que tenemos que tener presente es que esa lucha interna derive en la confusión. En la desorientación en que nos podemos sumergir al no ser capaces de asumir la nueva situación. Ese es el auténtico peligro.

Además de las crisis personales o sociales, desgraciadamente hay otras muchas más. Basta mirar a nuestro alrededor, en nuestra ciudad, vecindario o región. ¿Habíamos olvidado que hay familias que viven en crisis permanente? No solo por que vivan en barrios marginales o porque dispongan de escasos recursos. Y hay otras causas, familias que tienen algún miembro afectado por una grave enfermedad o discapacidad, familias que sufren la muerte repentina de uno de sus miembros, o hijos que sufren la ruptura de sus padres. Y después están las crisis personales, nuestras propias crisis. Puede ser una crisis de identidad en la adolescencia, o una crisis de creencias o de valores en la madurez; o simplemente una crisis emocional que podemos sufrir en cualquier momento. Una discapacidad sobrevenida, el deterioro paulatino de la salud por la edad o por una enfermedad crónica, la soledad en la vejez, que pueden revestir el carácter de graves o traumáticas para algunas personas. La lista es larga. O las que podemos llamar muy graves o simplemente adversidad, como pueden ser la ruina económica, el fracaso personal o escolar, la caída en la ludopatía o en la drogadicción, enfermedades mentales, o la experiencia de vivir una situación dramática derivada de un trágico accidente personal o colectivo, traumas personales, o las más extremas como atentados terroristas, maltratos, abusos, abandonos y otras tragedias.

Por no olvidar que cualquier crisis se ceba en los grupos sociales más débiles, en los más vulnerables. Eso mirando los países más desarrollados. Y aún gracias que ha quedado suavizada por las redes sociales de ayuda y protección que existen, así como por la solidaridad entre las familias, los amigos y los convecinos. Pero no olvidemos que los países pobres, como dice el profesor de economía Arcadi Oliveras, reconocido activista por la justicia social, viven en una crisis permanente a la que ahora se suma aún más miseria. En algunos países, materias tan básicas como los cereales han llegado a estar precios inalcanzables para la mayoría de la gente. El círculo del hambre, de la pobreza, sin escapatoria. Las crisis generan un buen caldo de cultivo para el descontento y para que se produzcan manifestaciones, protestas y brotes de violencia. Ya ha ocurrido en diversas partes del mundo. Protestas frente al aumento del precio de los alimentos y la carestía de la vida. La profundidad de esta crisis hace posible pensar que la inestabilidad social durará tiempo; y que puede generar una tensión permanente en los países más pobres y más golpeados. Y la historia demuestra que muchos gobiernos despóticos han sido derribados por los efectos de las crisis económicas. Es decir, la crisis y sus efectos durarán bastante tiempo.

Esperanza, superación, perseverancia

La pregunta es: ¿Podemos superar las crisis? Y lo que es más positivo aún: ¿Pueden las crisis llegar a ser una palanca regeneradora?, es decir ¿llegar a convertirse en situaciones favorables?

El profesor y psiquiatra Rojas Marcos indica que el símbolo de la palabra crisis en la escritura china es la unión de otros dos símbolos que significan peligro y oportunidad. Y escribe con mucho acierto que se trata de una «expresión que capta la esencia de nuestra incierta vida normal». Si lo pensamos bien, constituye una bella metáfora, una interpretación muy interesante de lo que sucede en la vida real. Una crisis supone como hemos dicho un conflicto, un desequilibrio, a veces con tintes trágicos, y a nivel personal una ruptura con la vida que llevábamos. Pero por suerte, y como observa la tradición china, tras la aparición de la crisis y darnos cuenta del cambio, surge la que pueda ser nuestra gran ocasión. Los estudios científicos realizados por los psicólogos, médicos y neurólogos que atienden a las víctimas de las tragedias demuestran que la mayoría de las personas se empiezan a recuperar enseguida. Según George Bonanno profesor de psicología clínica de la Universidad de Columbia, en su libro *The Other Side of Sadness* quien ha realizado rigurosos estudios de seguimiento a personas que habían sufrido la pérdida de un ser querido, habían sido víctimas de abusos sexuales, o habían sufrido un atentado terrorista, en diferentes países y culturas del mundo, afirma que la mayoría de las personas se acaban recobrando; al cabo de un período de tiempo variable, que puede durar de uno a varios meses, empiezan a rehacer su vida.

Esa capacidad la tenemos todos. Tal vez nos pueda sorprender ésta afirmación. Tal vez porque tenemos arraigada la idea contraria, de que algunas adversidades, algunas tragedias nos van a afectar por el resto de la vida. En parte es así, porque van acompañadas de dolor y tristeza. Sentimientos a los que todos somos vulnerables. Pero ambos pueden ser superados o disminuidos, tarde o temprano. Lo otro es el argumento de la fatalidad. Un peso que nos carga la opinión social, y que si no lo equilibramos nos puede condicionar. Es lo que dice Calderón de la Barca, por boca de Segismundo: «Todos sueñan lo que son aunque ninguno lo entiende», el protagonista condenado de *La vida es sueño*. El ejemplo de las cadenas de un pensamiento esclavizante que tiende a creer en sus propias profecías. Y donde la tragedia reside, es la propia creencia la que aboca a su cumplimiento. Pero lo trágico no es invencible para el ser humano.

El lenguaje popular refleja muy bien el sentimiento de que todos somos capaces de recuperarnos, y de que salvo casos extremos, sólo hasta cierto punto somos vulnerables. Frases como «la vida continua», «tienes que salir adelante», «el mundo no se acaba hoy», aunque a veces se digan de forma mecánica y sin ningún tipo de énfasis, dando a entender que quien las pronuncia no está muy convencido de sus palabras, reflejan sin embargo un saber popular. En el acervo cultural viene a indicar que «otros ya han pasado por esto», «no eres al primero que le pasa», o la tan traída y llevada frase para las decepciones amorosas de que «el tiempo lo cura todo», pero que a los afectados no alivia en absoluto, sobre todo si son jóvenes y es su primera experiencia. También se aplica a las demás circunstancias. Pero claro, se dice con buena intención, pero no se dice cómo lo vamos a lograr. No se dice lo que puede costar cicatrizar esa heridas, ni qué se puede hacer para aliviarlas. Esa sería la mejor ayuda a los afectados. Es también significativo que en la sociedad occidental se considera que aquellas personas que no expresan su dolor o no dan señales de angustia en situaciones de tragedia, son personas frías y emocionalmente distantes. Ese criterio se ha hecho palpable, a través de opiniones de los medios de comunicación al analizar la reacción de la población japonesa ante el terrible terremoto y posterior tsunami acaecido en marzo del 2011. Para muchos analistas, periodistas e incluso profesores, resultaba incomprensible que los japoneses se comportaran con tanta humildad, resignación y respeto, sin dar muestras ostensibles de dolor. Una sociedad golpeada, pero no vencida.

Lo primero que hemos de creer firmemente es que siempre hay motivos para tener **Esperanza**. Es una virtud que no hay que olvidar. En palabras del físico y escritor Stephen Hawking: «He tenido mucha suerte porque mi enfermedad ha avanzado más despacio de lo que es habitual. Eso demuestra que nunca hay que perder la Esperanza».

Hemos de creer en nosotros mismos. La oportunidad de salir adelante la tenemos dentro, la capacidad humana de superación. Llámese coraje, talento, capacidad, espíritu de mejora, algo que todos nosotros, que todos los seres humanos llevamos dentro. Poseemos un inmenso poder interno. Pero no estamos muy convencidos de ello. Por lo general nos aferramos a la idea de la imposibilidad, de que no podremos vencer las dificultades; tal vez porque el derrotismo es una mentalidad muy común, o porque no existe una tradición en la educación que nos enseñe a pensar de otra manera. El caso es que este planteamiento nos cuesta de aceptar; y eso que requiere el mismo esfuerzo, la misma dedicación, pensar de una u otra manera. Por eso, ¿no vale la pena cambiar los hábitos de pensamiento?

El primer paso es ser conscientes de nuestras capacidades internas.

El retorno al ser de cada día

Pero, por otra parte, cuando hablamos de que las crisis suponen un punto de no retorno a una situación anterior, ¿hemos pensado que muchas veces esa situación anterior sólo es en apariencia estable? Lo que solemos entender como estabilidad, o lo que entendemos como normalidad, equivale a un «estar igual». Es aquello que unos a otros nos contestamos a la pregunta de ¿cómo estás?, sin pensarlo mucho diciendo, «vamos haciendo» o «vamos tirando». Y ese ir haciendo, en el fondo no sabemos muy bien qué quiere decir. Tal vez solo sea, «mira, desde la última vez no me ha pasado nada»; entendiendo ese nada como algo malo, o quizás «voy aguantando sin pena ni gloria», tratando de decir que nos limitamos a realizar los actos habituales y cotidianos sin aspirar a nada más. Vale la pena pensar en ello como dice el ilusionista y mnemonista, una persona con una extraordinaria memoria, Harry Loraine, y autor de varios libros sobre esta disciplina que han influido en muchas personas, entre ellos Bob Dylan. Si cada vez que alguien nos pregunte: «¿Qué tal?» «¿cómo te encuentras?», nos fijamos y ponemos especial atención a la respuesta que demos, daremos un valor importante a los actos cotidianos. Si el encuentro es con un amigo, en lugar de contestar con la frase típica, hablemos de cómo realmente nos encontramos, de aquello que sentimos, o de aquello que nos preocupa. Si el encuentro es casual o por motivos de trabajo, con un convecino, compañero, o extraño, podemos decir: «Con este día tan precioso que hace, me siento bien», poniendo énfasis en lo que decimos. Es una forma de iniciar una conversación agradable, y a la vez de encontrarnos bien nosotros, transmitir a nuestro interlocutor una visión positiva de la vida. Algunas artistas, en especial de la canción clásica o tradicional, suelen hablar usando expresiones grandes y joviales, diciendo por ejemplo cuando son preguntadas: «Estoy maravillosamente bien», «me encuentro muy contenta». Están habituadas a transmitir emoción en sus canciones, y esa sincera emoción se traslada a sus palabras. Con pocas palabras, podemos ir cambiando nuestro enfoque de la vida.

Recordemos las palabras del escritor, filólogo y pensador chino Lin Yutang, propuesto varias veces para el premio Nobel, y que contribuyó a dar a conocer en Occidente el pensamiento tradicional chino. Transmitía una idea, en un libro que en su época fue muy traducido y comentado, llamado «La importancia de vivir», que tiene que ver con la virtud del ser. El valor que tiene cada pequeño acto de nuestra vida habitual, de nuestra existencia normal, y que llamaba el «retorno a la humanidad».

> «¿Cuántos momentos hay, en que el día es hermoso y la compañía placentera, cuando la luna y el vino son buenos y tenemos el corazón tranquilo y feliz?»

La importancia de los pequeños actos cotidianos, forma parte también de la tradición budista, y en realidad de todas las tradiciones. ¿Cuántos poetas no han cantado el valor de cada segundo de vida? Percatarnos de que el mero hecho de levantarnos cada mañana, de poder ver salir el sol por el horizonte, constituye una dimensión casi trascendente. O que poner la atención en actos sencillos como el comer y beber, nos impregna de vida, es el hilo que nos une a nuestra propia esencia, entonces descubriremos que nuestra vida estará siempre llena de momentos felices.

Pensemos en la fuerza de motivación que tendremos al añadir ese valor a cada acto normal y que proporcionará a nuestras vidas el roce continuo con la felicidad.

Testimonios

Tenemos muchos ejemplos de personas que tuvieron que enfrentarse a adversidades y no tan solo las superaron sino que aportaron su indiscutible calidad humana al progreso de la humanidad, como Ana Frank, Rigoberta Menchú, Nelson Mandela, Lance Armstrong, Vaclav Havel, Andrew Grove, Josep Carreras, Stephen Hawking, Helen Keller o Christopher Reeve. Santiago Álvarez, en su libro *Desde la adversidad: Liderazgo, cuestión de carácter*, relata muchas de estas experiencias. Asimismo podríamos poner ejemplos de pueblos enteros y grupos étnicos que han demostrado su capacidad colectiva para sobreponerse a la persecución, a la pobreza y al aislamiento, o las catástrofes naturales generadas por el hombre.

Veamos algunos ejemplos:

> Albert Llovera, gracias a una buena educación deportiva, figura como el atleta más joven que participara en unos juegos Olímpicos de invierno a los

> 17 años. En 1985, mientras competía en la copa de Europa de esquí en Sarajevo, localidad que entonces se encontraba en la antigua Yugoeslavia, sufrió un grave accidente en uno de los descensos, que lo dejó postrado en una silla de ruedas, con una paraplejia localizada a partir del nivel dorsal. Albert perdió la movilidad de sus piernas. Una brillante carrera y grandes expectativas frustradas. Lo dice él mismo, en su libro, *No limits*, «vivía de mis piernas, pasé de ser un esquiador a no ser nada».

Podemos pensar, siguiendo los tópicos tradicionales, que una persona en esa situación tendría su vida perdida. Pero Albert, dos años más tarde participa y gana el campeonato de Andorra de «quads». Como él mismo comenta, gracias al apoyo de la familia, de sus amigos, que no lo abandonaron en tal difícil trance. Así recuperó la alegría y las ganas de vivir y competir. Decidió hacerse piloto de rally, a pesar de su discapacidad. En una entrevista concedida al diario *La Vanguardia* dice que hablar del tema para él resulta normal y nada traumático, y añade: «fue una suerte para mí tener el accidente. Pide que nadie le tenga lástima y le traten como a una persona normal. Concluye: «aunque llores cada día –y yo he tenido mis noches de llanto–, nada va a cambiar, tómatelo lo mejor posible porque eso es lo que te ayudará». Y es interesante recalcar una frase de su libro, de ahí su título: «No existen límites cuando uno cree en sí mismo».

> Aime Mullins nació con una anomalía llamada *hemimelia* que le afectó a ambas piernas. Perdió ambas con sólo un año de edad. Desde muy

pequeña se habituó a usar prótesis de madera. Se graduó en el bachillerato con notas brillantes. Fue la persona más joven admitida como becaria en el Pentágono. Después empezó su carrera deportiva en la universidad, participando en los juegos Paralímpicos de Atlanta y batiendo diversos récords de velocidad. Su aparición en la revista femenina *Sports Illustrated* le valió la atención de uno de los más famosos diseñadores de moda, Alexander McQueen, y en 1999 fue la primera modelo que apareció en una pasarela desfilando con sus prótesis. A raíz de este hecho ha figurado en las portadas de las revistas más famosas. En el año 2011 ha sido designada como embajadora de cosmética de la firma l'Oreal, bajo el lema: «Porque yo lo valgo». Ha pronunciado muchas conferencias en todo el mundo. Uno de sus temas preferidos es «cambiar la propia perspectiva a la de un descubrimiento constante», sobre el pensamiento creativo. Asegura que: «Si uno cree en sí mismo, persevera y se crece ante los retos y las dificultades, podrá traer al mundo el cambio que desea ver».

Es otro ejemplo del espíritu de **Superación**.

Tenemos dos pilares importantes para superar las adversidades, en los cuales podemos encontrar cobijo: la Esperanza y la Superación.

Viktor Frankl, neurólogo y psiquiatra austriaco, fundador de la Logoterapia, era director del depar-

> tamento del hospital Rosthcil de Viena y además tenía una consulta privada. Durante la Segunda Guerra Mundial fue deportado en otoño de 1942, junto a su esposa y a sus padres, al campo de exterminio de Theresienstadt, por su condición de judío. Después fue trasladado a Auschwitz y posteriormente a Kaufering y Türkheim, dos campos dependientes del de Dachau. Toda su familia murió en la deportación. Pero él sobrevivió al infierno de la maquinaria de exterminio nazi durante tres años. Basada en esa trágica experiencia, escribió un libro *El hombre en busca de sentido*, que sin duda es uno de los que más ha influido en el pensamiento y en la cultura de la humanidad después de la guerra. Describe con crudeza el internamiento y la forma de vida en los campos de exterminio y lo analiza bajo una perspectiva psicológica y humana.

Cuenta Al Siebert, en su libro *Construir en la adversidad*, sobre su encuentro con Viktor: «Cuando el doctor Frankl vino a mi universidad para hablar sobre sus experiencias en los campos de concentración nazis durante el Holocausto, me quedé fascinado. No estaba amargado ni enojado; era un hombre feliz.» Viktor Frankl tiene severas dudas en cómo publicar su obra, como él mismo lo cuenta, pero al final se decide a firmarla, en lo que sin duda es una decisión acertada. No cabe duda que su lectura es altamente recomendable. Contiene muchas afirmaciones de amplio calado. Por ejemplo, una de las cosas que afirma es que, incluso en las condiciones más extremas de deshumanización y sufrimiento, el hombre puede encontrar una razón para vivir, basada en su dimensión espiritual. He aquí uno de los temas profundos, necesarios y tan inevitables que un día u otro nos hemos de plantear. Un punto de obligada reflexión. También en la misma sintonía, hay un párrafo muy significativo:

> Según se iba acercando la fecha sin que se produjera ninguna noticia alentadora, los prisioneros perdieron su valor y les venció el desaliento. Como ya dijimos antes, cualquier intento de restablecer la fortaleza interna del recluso bajo las condiciones de un campo de concentración pasa antes que nada por el acierto en mostrarle una meta futura. Las palabras de Nietzsche: «Quien tiene algo por qué vivir, es capaz de soportar cualquier cómo» pudieran ser la motivación que guía todas las acciones psicoterapéuticas y psicohigiénicas con respecto a los prisioneros.»

Una idea similar la encontramos en el premio Nobel de literatura, Aleksandr Solzhenitsyn, que fue prisionero durante varios años en el Gulag estalinista, y sufrió el destierro, y que tuvo la valentía de recoger las experiencias de otros prisioneros y recopilarlas. El propósito que le guiaba, que le hizo sobrevivir, era poder explicar a las generaciones futuras lo que habían vivido. El místico judío ortodoxo Israel ben Elizer, también conocido como Baal Shem Tov, lo expresó muy bien, en una conocida frase que hace referencia al Holocausto: «El secreto de la redención está en el recuerdo». Nos habla de la meta, del plan, del objetivo por el que vivir. Es tan importante y trascendente, que quizás sea lo más fundamental de nuestra vida. Si lo perdemos de vista, si no tenemos ese referente, lo tenemos todo perdido. Pero si lo tenemos presente y lo mantenemos vivo, no hay nada fracasado, nada es imposible. Para Viktor Frankl la voluntad de sentido, la búsqueda del sentido es la principal motivación humana. Las personas buscamos encontrar una explicación, un sentido a las dificultades con las que nos enfrentamos. De esta manera somos capaces de asumirlas y transformarnos. El sentido de la vida es un descubrimiento personal, una experiencia propia, que cada uno ha de vivir. Es la autorrealización personal.

Por eso tenemos que preguntarnos a menudo: ¿Cuál es el propósito de nuestras vidas? Para responderla no recurramos a otros. No recurramos a la filosofía o a la religión. Hagámoslo con sinceridad y sencillez. La respuesta no es tan fácil u obvia como tal vez podamos pensar a primera vista. La cuestión merece que hagamos una pausa en nuestra existencia y busquemos la respuesta en nuestro interior. Pensemos ¿para qué trabajamos?, ¿tal vez sólo por conseguir un buen nivel de vida?, ¿o por el bienestar propio y el de nuestra familia?, o quizás exista alguna otra razón no tan evidente. Puede que la descubramos, y con ello nos descubramos a nosotros mismos. Puede que creamos que existen varias. ¿Todas son iguales? Merece la pena que establezcamos las prioridades, y pongamos valor a nuestras razones por las que vivimos. O quizás no la encontremos. En ese caso la tendremos que crear, lo que en el fondo quiere decir que tendremos que redescubrirnos a nosotros mismos.

> Tim Guénard sufrió maltratos desde muy pequeño. Fue abandonado a los tres años por su madre. Obligado a dormir con cuatro años en la caseta del perro, recibió una brutal paliza de su padre alcohólico que le desfiguró el rostro. A los siete ingresa en un orfanato donde sufre malos tratos. Con nueve años intenta suicidarse. A los once ingresa en un correccional acusado injustamente de un delito. Así sigue su calvario cuando es obligado a prostituirse en los barrios de París. Como él mismo cuenta en su libro, *Más fuerte que el odio*, lo único que le impulsaba a vivir era el deseo de matar a su padre. Pero a los quince su vida cambia, es detenido, y la comprensión de «una señora jueza» lo encarrila hacia una profesión. Descubre el deporte, se convierte en boxeador, y la Comunidad del Arca le proporciona un sentido religioso a su vida.

En la actualidad Tim se dedica a acoger jóvenes y personas en situación desamparo. Como no se cansa de repetir, es el vivo ejemplo de la frase con la que Boris Cyrulnik, un conocido psiquiatra titula uno de sus libros *Una infancia infeliz no determina la vida*. Está casado y es padre de cuatro hijos, se dedica a la apicultura y a múltiples actividades; además de trabajar para ayudar a la infancia maltratada, da conferencias para enseñar a los jóvenes a superar las adversidades, y en la red podemos encontrar videos sobre su experiencia. Al final transformó el deseo de odio en amor a los demás y perdonó a su padre. En su libro afirma: «Quien quiera que seas, cualesquiera que sean tus heridas y tu doloroso pasado, nunca olvides, en tu memoria magullada, que te espera una eternidad de amor que llega gracias al encuentro con personas».

Tenemos el tercer pilar, la Fuerza de la **Perseverancia**.

Robert Dávila nació en el sur de California en una familia de inmigrantes mexicanos que se ganaban la vida trabajando de jornaleros. A los ocho años se queda huérfano de padre, víctima de un accidente. A los once años, como consecuencia de malas condiciones en que vivía, contrae una grave enfermedad, la meningitis; se recupera pero queda sordo. Como el mismo dice: «mi sordera escondía una bendición, me concedió una oportunidad que no tuvieron mis hermanos, ir a la escuela». Pero esa escuela estaba a cientos de kilómetros de su casa, la escuela para sordos Fremont de California en Berkeley. Tuvo que hacer el viaje solo, y permanecer alejado de los suyos. Pero su espíritu de superación le llevó ser el mejor de su clase y graduarse en la Universidad de Gallaudet, como licenciado en ciencias de la Educación. Luego consiguió el doctorado en el Hunter College en Educación Especial, y en la Universidad de Syracuse con un Doctorado en Tecnología Educativa. También ha recibido títulos honorarios de Gallaudet, RIT, Stonehill College y Hunter College. Es la persona sorda que mayor responsabilidad política ha tenido en el mundo, ya que llegó a ser Subsecretario de la Oficina de Educación Especial y Servicios de Rehabilitación

> del Departamento de Educación de los Estado Unidos. Gracias a su voluntad logró que los intérpretes del lenguaje de sordos aparecieran junto a los oradores en los actos políticos. Describe su vida en un libro titulado *Momentos decisivos*. Trabajó como profesor y rector de la Universidad de Gallaudet, la única especializada en personas sordas.

Todos estos testimonios y otros más que podemos encontrar, además de hacernos reflexionar sobre muchas cuestiones, nos pueden proporcionar los motivos y las claves para poder superar nuestras crisis. Pero a nuestro alrededor podemos encontrar testimonios parecidos. No hace falta que busquemos en experiencias lejanas, o en los noticiarios. Mencionábamos antes que la generación de nuestros abuelos sufrió los terribles efectos de la guerra. Muchos de ellos vivieron un período de posguerra marcado por las privaciones, la miseria, la falta de condiciones higiénicas, injusticias sociales e incluso el hambre. Viudas sin recursos, que fueron capaces no sólo de salir adelante con su esfuerzo, sacrificio y dedicación, sino de proporcionar una educación a sus hijos en circunstancias muy adversas. Padres de familia, obligados a combatir lejos de sus países, algunos acabaron en campos de concentración o trabajo, o fueron prisioneros políticos objeto de represalias, y luego a su regreso, sacaron a flote a su familia con empeño, en una sociedad devastada y empobrecida que no les proporcionó ninguna ayuda. Podríamos encontrar muchos ejemplos. Personas que en la actualidad sufren de enfermedades crónicas, dolencias raras, o que deben recibir un tratamiento continuo como es la diálisis, y que sin embargo se muestran alegres y con buen humor; otras con discapacidades o malformaciones físicas, que a pesar de las dificultades se esfuerzan en trabajar o estudiar.

Resiliencia, la capacidad interna

¿Cómo es posible sufrir las acciones más crueles y volver a ser personas normales?, o ¿qué tienen esas personas que les permite vivir de manera positiva su vida en circunstancias tan adversas?

Estas preguntas tienen una respuesta, que es el objeto de este libro. Los psicólogos se la plantearon en la década de los años ochenta de otra forma, ¿por qué hay personas que en medio de situaciones de extrema gravedad y dificultad son capaces de superarse y llevar una vida normal mientras que otras viviendo en las mismas circunstancias no lo logran? La respuesta que dieron fue la Resiliencia.

La resiliencia es esa capacidad que todos tenemos para superar las peores adversidades, para superar experiencias muy difíciles, y tras superarlas volver a ser nosotros mismos, como el resto de las personas.

Cuando uno oye una palabra nueva se le despierta la atención. Resiliencia es una palabra poco común. Me llamó la atención la primera vez que la oí en el contexto de las ciencias físicas. Es un término antiguo, del siglo XIX. En su significado original hace referencia a una característica de algunos materiales, que al ser sometidos a tensiones, fuerzas, o presiones, pueden recuperar sus propiedades originales y volver a su forma inicial; por ejemplo un muelle que se puede estirar, se alarga o acorta, pero luego vuelve a su forma habitual. Curiosamente, los psicólogos trasladaron ese concepto a las personas. Y en un sentido muy simple, podríamos decir que la resiliencia es esa capacidad de volver a nuestra forma original a nuestra manera de ser, tras haber sufrido deformaciones debidas a crisis, problemas, adversidades o catástrofes. Tras la II Guerra Mundial, empezó el interés de los investigadores por las personas que habían sido capaces de superar aquella tragedia.

El concepto tiene su origen en un estudio iniciado en el año 1989, realizado por la psicóloga Emmy Werner, sobre el desarrollo de varios centenares de niños en la isla de Kauai en Hawai. Aunque con anterioridad ya se habían realizado otros estudios, éste es el más conocido. La situación de partida de estos niños era muy dura. La mayoría eran descendientes de japoneses, filipinos y hawainos, que trabajaban en los cultivos de azúcar. Se hallaban sometidos a condiciones de vida marcadas por la pobreza extrema, situaciones de estrés, disolución del vínculo familiar, alcoholismo de los padres, abusos, y casi todos habían abandonado la escuela superior. El entorno en el que se encontraban no presagiaba un futuro prometedor, todo lo contrario parecía lógico creer, o al menos esa era la opinión generalizada, que tenían pocas o escasas oportunidades de salir adelante. Sin embargo, a los 18 años, uno de cada tres había salido adelante, y a los 32 años Emmy se encontró con que un 80% no tan sólo habían aprendido a leer y a escribir por su cuenta, sino que habían aprendido un oficio e incluso fundado una familia. Es decir se habían convertido en adultos competentes, se habían desarrollado bien, sin ningún tipo de carencias, a pesar de todos los riesgos que los rodeaban, y de que todo hacía pensar lo contrario. Es decir, habían logrado sobreponerse a una situación extrema y tener una vida normal. Emmy Werner apuntó como primera causa a que el afecto y el amor que habían recibido era la base de esa feliz evolución. El interés que el estudio despertó en muchos investigadores propició que se profundizara más en las causas que habían provocado que en un medio hostil, esos niños lograran salir adelante; y se analizaran las características de la personalidad y las conductas de otras personas que habían pasado por experiencias parecidas. Cabe citar a dos investigadores pioneros en la noción dinámica que fueron Michael Rutter, quien propuso el concepto de mecanismos protectores y Edith Grotberg de la que luego hablaremos con más detalle.

En nuestras sociedades muchos niños crecen en situaciones sociales adversas, no sólo por las dificultades económicas, sino por problemas de salud suyos o en su entorno, problemas de relación y afectivos, pautas educativas inadecuadas. Son los llamados factores de riesgo. Si la situación familiar está perturbada por trastornos de los padres, problemas de adicciones, maltratos o violencia, discusiones continuas, si además alrededor hay una situación de pobreza o de recursos escasos, o viviendas en malas condiciones, junto a un situación de paro crónico todo hace pensar que los niños o adolescentes desarrollaran problemas sociales o de conducta. Si el país o la sociedad han vivido catástrofes naturales, terremotos, inundaciones, epidemias, o hay un escenario de opresión o terrorismo, el panorama que se presenta es peor. Los psicólogos e investigadores se centraron en la década de los setenta y ochenta en analizar a los niños y adolescentes para observar la forma en que podía evitarse la aparición de trastornos. Entonces se hablaba de vulnerabilidad y riesgo. Este enfoque parte de la premisa que nacer en esas situaciones, así como vivir en un ambiente psicológicamente insano, son condiciones de alto riesgo para la salud física y mental de las personas. A aquellos niños y adolescentes que a pesar de todo son capaces de desarrollarse bien como personas e integrarse en la sociedad al principio se les consideró en un principio como invulnerables o resistentes. En las primeras publicaciones alusivas a la resiliencia, se tendió a usar este concepto como equivalente al de invulnerabilidad, pero luego se establecieron claras distinciones entre los dos conceptos quedando el de personas invulnerables en otro marco, en el del tratamiento psicológico.

> El concepto de resiliencia se empezó a hacer popular como consecuencia de los tristes atentados terroristas del 11 de septiembre del 2001 en Nueva York. Algunos medios de comunicación empezaron a usar, refiriéndose no sólo a los supervivientes, sino a la población de Estados Unidos como una «nación resiliente». Eso provocó que el término empezara a conocerse. Más tarde, tras los estragos que causó el huracán Katrina en el estado de

Nueva Orleans, de nuevo los medios volvieron a hablar de «pueblo resiliente», y de esta manera se acabó popularizando.

La resiliencia en general, para las personas que en principio no estamos en una situación de riesgo, que llevamos una vida normal, hace referencia a la capacidad para resistir y tolerar los problemas, los obstáculos y pese a ello poder volver a hacer las cosas que siempre hacemos y de la mejor manera posible. Es un concepto complejo que integra componentes psicológicos, sociales, emocionales, cognitivos, culturales, étnicos, entre otros varios, y que se ha desarrollado no sólo en la psicología, sino a la sociología, en la educación, en la salud e incluso en las empresas. Nos traslada a la existencia de verdaderos escudos protectores que atenúan los efectos negativos transformándolas en factor de superación.

Podemos decir que es un conjunto de habilidades internas con las que cuenta el ser humano, y que actúan para afrontar adecuadamente las más diversas situaciones adversas.

La profesora de antropología Marta Allué, autora del libro *La piel curtida*, una cruda y sorprendente recopilación de experiencias humanas frente a las más duras y terribles adversidades, dice que «mucha gente no sabe que tiene esa capacidad hasta que se encuentra en una situación extrema». Ella misma lo ha sufrido, en modo de discapacidad sobrevenida tras un accidente, y su análisis prueba, con bastante razón, esa afirmación. Esa capacidad reside en nosotros.

Por otra parte el concepto de *adversidad* es muy amplio. Lo estamos utilizando para referirnos a problemas y conflictos personales, como la muerte de un ser querido, a los derivados de ambientes sociales, como la vida en entornos de guerra o pobreza extrema, pasando por los de ambientes familiares como maltratos o violencia de género. Aunque por extensión se hable de adversidad, no querrá decir lo mismo para una persona en una u otra situación, ni tampoco la manera en que a cada uno le puede afectar la misma situación, el grado también dependerá del tipo de ambiente social en los que se encuentren. Profundizando en esta idea, vemos dos cosas. Primero: que se da por entendido que existe esa realidad de gravedad, de tragedia de adversidad, asociada a una carga de elevado estrés, para que esas habilidades o capacidades que todos poseemos se muestren y actúen. Y segundo, que a pesar de que no se den, mientras estamos viviendo en circunstancias normales, esas capacidades se pueden conocer y desarrollar.

Hay otros significados de resiliencia. A veces se asocia con la teoría de la evolución y en concreto con el concepto de la adaptación de las especies. No olvidemos que según la teoría de Darwin, la especie humana se ha visto sometida a diversos procesos adaptativos para poder sobrevivir frente al resto de especies y a las condiciones ambientales, que no siempre han sido favorables. Esos procesos hacen que el paso del tiempo provoque la desaparición de algunas especies, por no haberse podido adaptar a los cambios. Es el caso de los neandertales. Y en cambio otras sobreviven como es el caso del homo sapiens, nuestro antepasado directo. Ese proceso ha hecho ajustes no solo en la constitución orgánica, sino en los métodos sociales, en la organización y en los procesos mentales. Así se puede presentar por parte de algunos investigadores la resiliencia de la especie como el ejemplo de la evolución de los seres humanos desde un punto de vista biológico y antropológico.

Otras veces se utiliza el concepto de la resiliencia bajo el prisma de la sociología más que de la psicología. Es la visión más interesante desde un cierto punto de vista general porque implica no solo el desarrollo social de una persona, sino su adaptación en un cierto ambiente. El ejemplo más evidente es el de una persona inmigrante, que se ve obligada a cambiar de residencia a otro país y a otra cultura. Tiene que adaptarse a las nuevas costumbres, aprender otro lenguaje e integrase en una forma de vida de un grupo muy diferente al de su origen. En este sentido la resiliencia del inmigrante es adaptarse, superarse y verse transformado para lograr mantener una identidad propia y a la vez lograr su desarrollo social en un nuevo y a veces en medio de un nada acogedor ambiente. En el entorno de comunidad, de pueblo, de país, de grupo se habla de entonces de resiliencia como la capacidad que han tenido para resistir, sobrevivir y reconstruirse después de haber sufrido agresiones destructoras, bien sean naturales o por causa de guerras o conflictos.

Comenta el mencionado profesor Bonanno que hay que diferenciar entre resiliencia y recuperación. Tras un suceso adverso, las personas se acaban recuperando, vuelven a rehacer su vida. En cambio la resiliencia es un proceso que acompaña a la persona, que hace que mantenga su equilibrio a pesar de los traumas y las dificultades. Las personas en general nos recuperamos, salimos adelante tras sufrir un duro golpe, al cabo de un tiempo, volvemos a la vida anterior. La resiliencia es la capacidad que nos acompaña toda la vida. Según él, las reacciones humanas no se pueden encasillar, ya que la variedad de respuestas va más allá de los estereotipos impuestos; bien sea por la propia cultura o sociedad que las condiciona, por las creencias e incluso por las teorías divulgadas entre los profesionales. Cita un estudio realizado con personas que habían sufrido la pérdida de su pareja, que es muy significativo. Observó que casi la mitad de los participantes respondió con un comportamiento resiliente. En contraste, la respuesta socialmente aceptada como común en estas situaciones de duelo, es decir una depresión que va declinando con el tiempo, sólo afectó a una mínima parte de las personas. Explica que las personas que respondieron de manera resiliente afirmaron haber sentido emociones negativas, pensamientos negativos, tristeza y cavilaciones en los momentos posteriores a la pérdida. La resiliencia no los inmunizó contra ellos, pero sí que les permitió seguir funcionando en otras áreas de la vida, y experimentar otros sentimientos positivos. La conclusión es muy clara. Cuando nos enfrentemos a una situación de adversidad, lo vamos a pasar mal, vamos a sufrir, es inevitable. Pero la resiliencia nos impulsará a salir adelante, afrontando la situación, y reequilibrando nuestra vida, sin sumirnos en la desesperación y siendo capaces de continuar realizando otros aspectos de nuestra existencia.

Desde el punto de vista de la psicología, como bien señala la psicóloga Francisca Infante, en un capítulo del libro, *Resiliencia. Descubriendo las propias fortalezas*, la resiliencia tiene tres componentes esenciales que son:

1. La noción de adversidad, trauma, riesgo o amenaza al desarrollo humano.
2. La adaptación positiva o superación de la adversidad.
3. El proceso que considera la dinámica entre mecanismos emocionales, cognitivos y socioculturales que influyen sobre el desarrollo humano.

Esta es una muy buena definición de lo que significa, en el fondo es un proceso, un proceso complejo y que tiene sus raíces en la naturaleza humana. Es ese potencial humano que permite emerger de una experiencia dura, terrible, que causa graves problemas emocionales; que permite superar una experiencia aplastante que deja cicatrices en la persona, pero que al final acaba fortaleciéndonos. La resiliencia es la capacidad que nos ayuda a salir de las crisis, a superar los problemas derivados de ellas, y a conseguir convertirlas en una oportunidad; tal como nos recuerda la antigua sabiduría china, nos lo avala la experiencia de otras personas, nos lo dicen los psicólogos, los psiquiatras, y demás profesionales que han seguido y estudiado a personas en todo el mundo.

La resiliencia es un proceso en el que volvemos a ser nosotros mismos, en el que recuperamos la esperanza de vivir, en la que aprendemos a revivir, frente a una situación de adversidad.

> Cuando llaman los problemas a nuestra puerta y nos cunde el desasosiego, también aparecen esos resortes, esas palancas, esa fuerza interna, ese escudo protector que nos ayuda a afrontar y supe-

rar ese riesgo, eludiendo la negación, y creyendo firmemente en nuestro potencial interno.

La salud y la psicología positiva

Analizando el concepto de resiliencia, vemos que nos lleva a plantearnos por otro concepto más amplio. Al concepto de salud, de psicología positiva, de la calidad de vida. En el fondo son conceptos que están muy relacionados. La psicología positiva es un movimiento que promueve el desarrollo de las potencialidades humanas y estudia las experiencias positivas, para poderlas desarrollar en los seres humanos. Reivindica que la psicología se oriente a ofrecer fórmulas para que todas las personas puedan ser felices y no sólo se centre en el campo clínico, en el tratamiento de los trastornos. Esta orientación fue creada por el profesor Martin Seligman, de la Universidad de Pennsylvania y antiguo Director de la Asociación Americana de Psicología, quien tras una vida dedicada a la investigación de trastornos como la depresión, en la década de los años noventa, se cuestionó el porqué las personas lograban adoptar una actitud más o menos optimista ante la vida, y se propuso investigar el optimismo aprendido.

> La salud es un estado de completo bienestar físico, mental y social, y no solamente la ausencia de afecciones o enfermedades.

La cita procede del Preámbulo de la Constitución de la Organización Mundial de la Salud, celebrada en Nueva York en 1946. Esta definición elaborada tras la Segunda Guerra Mundial es muy significativa. Hay algunos aspectos dignos de resaltar como son:

1. Estar sano no implica sólo que el cuerpo y los órganos internos funcionen bien, sino que debe existir equilibrio mental, y las relaciones con las otras personas deben ser buenas. Es decir estar bien con uno mismo y con los demás.

2. El concepto de salud incluye otros, como el respeto a los derechos humanos de las personas y de las familias, y por tanto que puedan tener las condiciones mínimas en que se puedan desarrollar dignamente.

Como se ha señalado en muchos estudios, la salud no se puede circunscribir al ámbito propiamente sanitario, entendiendo por ello la red de hospitales, centros de salud y los profesionales que ejercen. Hay otros factores que influyen como las desigualdades sociales, la distribución y el acceso a los recursos materiales, la educación, la situación cultural y demás condiciones sociales. Por ejemplo, en un país con problemas de desarrollo, una persona con una salud física buena puede que no tenga acceso a la educación básica, y por tanto tendría carencias en ese sentido. La salud por tanto no consiste sólo en que nuestro cuerpo y mente estén bien y libres de enfermedades, sino que hay que tenemos que verla como un estado, en el cual la persona es consciente de sus propias capacidades, puede afrontar las tensiones normales de la vida, puede trabajar de forma productiva y fructífera y es capaz de hacer una contribución a su comunidad. Es importante tener en cuenta esta dimensión positiva de la salud, y no solamente la ausencia de trastornos, y su relación con la promoción del bienestar.

Por otra parte, la salud debe entenderse como algo dinámico, no algo estático, momentáneo. Es decir no debería depender de si tenemos contratiempos, de si estamos preocupados por algo, o de si tenemos molestias físicas, si estamos resfriados o hemos pasado una mala noche sin conciliar el sueño. No debería depender de las variaciones diarias, de las pequeñas dolencias que nos afecten, de las condiciones medioambientales, del tiempo que haga, de cualquier trastorno sea del tipo que sea. La salud está por encima de todas esas variables que son cambiantes, que por tanto no deberían repercutir en nosotros.

Volvamos a la típica respuesta que comentábamos, sobre la pregunta: «¿Qué tal estás?», que suele ser: «Bien. Voy tirando». Entendida en este marco, si nos encontramos bien, en ese estado de bienestar, o próximo a él, la respuesta debería ser más enfática. ¿Por qué no responder con un: «Muy bien», o: «Perfectamente»? Estos detalles que no parecen tener mucha importancia, en el fondo si que la tienen. A principios del siglo pasado, el doctor Coué, un farmacólogo y psicólogo francés, fue el primero en darse cuenta del valor de las expresiones comunes, del valor de las palabras habituales y su influencia en la salud y en el bienestar. Recuperó un método muy sencillo, un método que quedó bautizado con su nombre, y que consiste en decirse cada mañana al despertarse: «Cada día que pasa y en todo momento me encuentro mejor y mejor». Esta corta y breve frase, dicha al menos una vez cada día, es una forma muy sencilla de mejorar la vida, de influir suavemente en nuestro quehacer cotidiano, y de ir creando en nuestra mente una atmósfera de serenidad y confianza. No se trata de ninguna panacea, ni de la solución a los problemas. No es tan fácil. Pero nos recuerda la importancia que tienen los pequeños actos cotidianos, las pequeñas expresiones en nuestro bienestar. Es una aplicación práctica de la psicología positiva. Más adelante volveremos sobre su utilidad y sus fáciles y simples posibilidades de uso.

La plena dimensión de la salud

Otro punto interesante sobre esta definición de la salud, es que además de ser un estado de bienestar físico, mental y social, nos relaciona las diferentes dimensiones humanas, la biológica, la psíquica y emocional, y la colectiva. Una vida sana debe conducir a una vida plena, en la que nos permita desarrollar todo nuestro potencial e inteligencia, así como el de nuestra familia, y el de nuestro grupo social más próximo, sea en el ámbito laboral o de amistad u ocio. En este sentido no podemos separar tan fácilmente unas cosas de las otras. Por ejemplo, ¿podemos restringir nuestra satisfacción únicamente a los ratos de diversión con los amigos?; ¿pensamos que el trabajo nos aliena, nos perjudica como personas? Hemos de plantearnos si en un contexto de bienestar deberíamos entender el trabajo como una fuente de satisfacción. Quizás esto contrasta con otra mentalidad muy extendida, la de que el trabajo es una fuente de obligaciones, opresiones e injusticias, y una alienación de la naturaleza humana. En parte es así en muchos lugares del mundo, donde existen unas condiciones laborales penosas, en algunos casos de esclavitud. Es un hecho que no podemos ni debemos olvidar. Ni tampoco, como nos recuerda la historia reciente, que los trabajadores han tenido que sufrir y luchar mucho para conseguir ver reconocidos sus actuales derechos. Ocurriendo que en las circunstancias actuales de crisis económica algunos de esos derechos se han visto recortados e incluso anulados, y que además muchas personas ni tan solo pueden trabajar. A pesar de ello, si tenemos una actividad laboral aceptable, el planteamiento indicado debería ser motivo de reflexión y de valoración por nuestra parte. Muchas personas encuentran satisfacción en el trabajo, como demuestran los diferentes estudios sociológicos que se publican en todos los países. Busquemos la manera de cambiar el esquema mental que nos relaciona trabajo con insatisfacción.

Por otra parte, el concepto de bienestar al que hemos de tender, no constituye un estado estático, no estaremos bien, sanos, y ya está. Supone dos cosas:

Primero, que aunque no tengamos malestares físicos o psíquicos de ningún tipo, no debemos descuidar nuestra salud. Pero no hay que sentirse obsesionado por ello. Es decir, hay que implicarse en el cuidado de la salud, con gozo y plenitud, por ejemplo, cuidar la alimentación, practicar ejercicio físico, realizar actividades creativas o actividades de ocio y distracción. Es muy importante no olvidarse de ello, ni relegarlo a segundo término, como les sucede precisamente a algunos profesionales de la salud, aplicando el refrán de «en casa del herrero cuchillo de palo». Ese estado dinámico va asociado a una toma de conciencia y responsabilidad en la vida cotidiana.

Y en segundo lugar, también hay que pensar que ese bienestar no tiene porque ser completo, y que es posible que haya que conllevarlo con situaciones de enfermedad transitorias o que incluso puedan llegar a ser crónicas. Este es un tema muy importante y fundamental, porque las personas afectadas por una discapacidad o trastorno crónico no quedan exentas de intentar conseguir esa estado de bienestar. Es más, hay personas discapacitadas que se convierten para su entorno en los promotores de la salud y bienestar con más capacidad que las personas que no lo están. Por eso, esa definición de salud tiene un contenido mucho más amplio y general del que aparenta.

Aunque se han propuesto otras definiciones de salud, voy a citar una que por la proximidad, ya que me la trasladó un amigo biólogo, Antonio, que me causó una muy buena impresión. Se trata de la definición de salud realizada en el décimo congreso de medicina y biología realizado en el año 1976 en la ciudad de Perpignan, en el sur de Francia. Este congreso tuvo lugar dentro de uno de más amplio contenido dedicado al tema de la cultura catalana que se realiza cada año en esta localidad. En él se propuso que:

La salud es una forma de vivir, autónoma, solidaria y con alegría.

Observemos que se trata de un planteamiento mucho más abierto que la definición de la OMS. Se habla de forma o manera de vivir, es decir de estilo de vida, de una manera de hacer y de relacionarse, no menciona la ausencia de enfermedades, ni tampoco un estado a alcanzar. Es cierto que por estilo o forma de vida se pueden entender muchas cosas, y por tanto no se limita al bienestar; puede referirse desde la austeridad de los monjes, a la actividad constante de los deportistas, pasando por cualquier tipo de trabajo u ocupación.

Cuando habla de autonomía podemos entender la suficiencia de una persona para poder gestionar todas sus actividades y necesidades diarias bien con ayuda o sin ella. Es decir, que la persona pueda ejercer su libertad sin ningún menoscabo e impedimento. Así, una persona discapacitada puede ser considerada autónoma y no dependiente, si esta persona ha asumido su situación y es capaz de desenvolverse con su entorno, para trabajar, comunicarse o relacionarse en condiciones equiparables al resto. Por ejemplo una persona como Stephen Hawking, puede enseñar, escribir, viajar, dar conferencias, a pesar de tener una gran discapacidad. Naturalmente este planteamiento, tiene una serie de connotaciones, como que la sociedad en la que se halle la persona esté mínimamente desarrollada y preparada para que cualquiera, con independencia de su edad, condición, preparación e inteligencia pueda contribuir con su potencial al progreso de la misma.

Muy interesante es el atributo de la solidaridad. Un estilo de vida insolidario, o vivir aislado y únicamente para el disfrute propio, no sería considerado saludable. Le faltaría algo muy importante como es el intercambio, la relación, saber dar y recibir, la necesidad de no olvidar al resto de las demás personas. Oscar Wilde lo expresó muy bien en su *Cuento de Navidad*, Mr. Scrooge, es una persona enferma, tiene de todo pero vive aislado, solo, y rehúye al prójimo, hasta que se da cuenta de la realidad. Los ermitaños son el mismo caso. No puede formar parte de la plena consciencia el quedarse encerrado sin relación con la humanidad.

Y por último el concepto de vivir de manera alegre, feliz, es indicativo de una buena expresión de la relación e inteligencia emocional, de saber transmitir la alegría de vivir en cada instante. Para considerarnos bien, no es suficiente no tener ningún problema, contratiempo, enfermedad o dificultad, debemos ser capaces de manifestarlo de alguna manera y que nuestro entorno lo aprecie. Una persona que aunque fuera autónoma y solidaria no transmitiera su gozo interno a los demás, carecería de algo. Nos puede venir al pensamiento alguien así que hayamos conocido, suele ser un ejemplo típico el de algún maestro que tuviéramos de pequeños. A los buenos maestros, a los que más nos influyeron, solemos recordarlos, no por los conocimientos que nos pudieran transmitir, ni por lo mucho que aprendimos o no, o por lo mucho que sabían, sino por la forma en que lo hicieron, por la manera en que supieron comunicarnos la pasión por alguna materia. ¿Cuántos de nosotros orientamos nuestra vida profesional por el influjo de un buen maestro que supo cooperar y hacer salir lo mejor de nosotros mismos?

El enfoque de la psicología positiva es el de orientarnos hacia una vida plena y saludable, entendiendo la salud como una forma de vivir, un proceso dinámico en búsqueda del beneficio nuestro y de los demás. El hombre es un ser que se relaciona, que convive, y que al lograr su bienestar propicia el de su entorno, respetándolo y preservándolo. Esa actitud positiva nos ayuda a descubrir el sentido de nuestra vida, a ser tolerantes con las formas de ser y vivir de los demás, y a buscar la mejora de las condiciones que nos afectan o de las que nos rodean. A ser capaces de transformar los problemas, las dificultades, los contratiempos en situaciones favorables y encauzarlas hacia mejores condiciones.

Ideas sobre la resiliencia

Sin ánimo de profundizar en exceso, veamos una serie de ideas interesantes sobre la resiliencia. Al tratarse de una idea en auge, se han elaborado diferentes teorías e ideas sobre cómo funciona. En general, las ciencias sociales, la psicología, han de establecer patrones de conducta basados en propiedades que se puedan medir de alguna manera, que sean objetivos y no subjetivos, y no basados sólo en opiniones; por ejemplo, que se puedan comparar, que se puedan realizar escalas de valoración, que se puedan obtener valores concretos y se puedan analizar. A veces estas cuestiones son discutibles, como sucedió con la teoría del psicoanálisis, muy en boga durante cierto tiempo, pero que ahora ha cedido paso a otras teorías basadas en evidencias medibles, más que en modelos teóricos, por otra parte muy personales.

Así, hay algunas corrientes importantes dignas de tener en cuenta. Una escuela por ejemplo, mantiene un enfoque psicobiológico que fija su atención en los llamados factores protectores y en un proceso de adaptación, en el que juega una parte muy importante la relación con el ambiente, y que se llama modelo transaccional. Las personas estamos inmersas en un «nicho» ecológico formado por la persona, la familia, la comunidad y la cultura. De todas estas relaciones surge un desarrollo y una adaptación que va formando a la persona. Por tanto según esta visión, es importante facilitar desde las instituciones públicas los elementos necesarios para que una persona pueda desarrollar esta capacidad.

Otro grupo de profesionales considera fundamental la intervención de la comunidad, de manera que genere escudos protectores y que permita asumir las adversidades y construir el proceso de adaptación. Según el profesor Elbio Sanchez, hay unos valores comunitarios que serían, la identidad cultural, la autoestima colectiva, la honestidad, el humor social y el liderazgo auténtico. Si una comunidad desarrolla estos valores, va creando una protección que permite asimilar las situaciones de adversidad, y en especial las desgracias colectivas que puedan afectar a un pueblo entero, país, o a una región concreta.

Y por último, hay otra tendencia, que considera más importante el sentido individual de cada persona, a salvaguardar sus valores y por tanto a ser capaz de soportar las adversidades. La respuesta que la persona da se teje en su interior, y está formada no solo por los valores individuales sino colectivos. Considera importante fortalecer al individuo, y por eso se habla del tutor de resiliencia, el profesional o profesionales que ayudan a la persona a afrontar y superar su desgracia. En este sentido se identifican una serie de valores que forman la resiliencia individual, como son la independencia, la iniciativa, la introspección, el humor, la creatividad, la habilidad social, la moralidad y la competencia.

Esta es una breve síntesis de los conceptos y corrientes de opinión sobre la resiliencia, y que constituyen la base de diferentes proyectos y estudios que se realizan en todo el mundo. Veamos ahora tres ideas interesantes más, las de Boris Cyrulnik, Stefan Vanistendael y Jacques Lecomte y las de Edith Grotberg.

Boris Cyrulnik

Borís Cyrulnik, es considerado uno de los promotores de la resiliencia y su aplicación a las ciencias sociales. Este psiquiatra y neurólogo francés, judío y de familia rumano, nacido en Burdeos, fue el único superviviente de su familia que logró escapar de un campo de concentración nazi, un caso parecido al de Viktor Frankl. Nace pocos años antes de que estalle la guerra mundial, como hemos dicho en Francia en 1937, y en una familia judía que fue víctima del Holocausto. Boris Cyrulnik sufrió la muerte de sus padres en un campo de concentración nazi del que él logró huir cuando solo tenía 6 años. Tras la guerra, deambuló por centros de acogida hasta acabar en una granja de la beneficencia. Por suerte, unos vecinos le inculcaron el amor a la vida y a la literatura y pudo educarse y crecer superando su pasado. El análisis de su propia experiencia personal le llevó a plantearse por qué, ante los mismos sufrimientos y adversidades, unas personas se hunden y otras se crecen y salen fortalecidas del problema. Su propia experiencia es el testimonio de una persona resiliente.

Introduce la llamada teoría del trauma, el concepto del doble golpe. Una persona víctima de una situación de adversidad, por ejemplo de torturas en la guerra, vive dos veces el dolor. Primero al pasar por la terrible experiencia, y después al explicarla y revivirla. Utiliza el término *oxímoron* para describir la escisión de la persona afectada por el trauma que le permite avanzar en el proceso de construcción de la resiliencia, y que le permiten superar los efectos del padecimiento. Dice lo siguiente:

> No se trata de la ambivalencia que caracteriza un movimiento pulsional donde se expresan sentimientos opuestos de amor y odio hacia una misma persona. El oxímoron revela el contraste de aquel que, al recibir un gran golpe, se adapta dividiéndose. La parte de la persona que ha recibido el golpe sufre y produce necrosis, mientras

> que otra parte mejor protegida, aún sana pero más secreta, reúne, con la energía de la desesperación, todo lo que puede seguir dando un poco de felicidad y sentido a la vida.

Ahondando en el uso de términos extraídos de otras disciplinas, Boris Cyrulnik introduce esta teoría en la resiliencia utilizando ese concepto que proviene de la retórica. Consiste en reunir dos términos de sentido opuesto para generar un nuevo significado: la «oscura claridad», un «maravilloso sufrimiento», el «sol negro» de la melancolía. Su uso, como podemos comprobar, es muy habitual en la poesía. En la visión de Cyrulnik la resiliencia significa un mensaje de esperanza, echando por tierra la teoría psicológica de que la personalidad de las personas quedaban ya formadas desde los cinco años. A partir de esa edad, a los niños que tenían problemas se les daba por prácticamente perdidos, o bien eran abandonados a su suerte, o bien se consideraba que no podían recuperarse. Con lo que se propiciaba que no tuvieran la menor oportunidad, su propia mala fortuna. Afortunadamente ya no es así, y las ciencias clínicas saben que un niño maltratado puede sobrevivir sin traumas, si no se le culpabiliza y se le presta apoyo social. Como titula uno de sus libros, una infancia infeliz no determina la vida.

Así, dice también:

> Hay que ver el problema desde sus dos caras. Del exterior, la frecuencia de la resiliencia prueba que es posible recuperarse. Del interior del sujeto, estar estructurado como un oxímoron revela la división del hombre herido, la cohabitación del

> Cielo y el Infierno, la felicidad en el filo de la navaja. La felicidad existe únicamente en la representación mental, por tanto es siempre fruto de la elaboración. Es algo a trabajar. Y ella se construye en el encuentro con el otro.

También comenta que en otro de sus libros, *El amor que nos cura*, que la resiliencia intenta responder a las siguientes preguntas:

> ¿Cómo es posible conservar la esperanza cuando uno está desesperado? Los estudios sobre el vínculo proporcionan una respuesta.
>
> ¿Cómo me las arreglé para salir adelante? Las investigaciones sobre los relatos íntimos, familiares y sociales explican de qué modo puede modificarse la representación de las cosas.

Y añade:

> La resiliencia es una tercera vía que evita tanto la identificación con el agresor como la identificación con el agredido. En un proceso resiliente, lo que se precisa es descubrir cómo se puede volver a la vida sin desgracia: «Me gustaría volver a ser como todo el mundo». Y en el momento en el que algunos empiezan a levantar cabeza, todos, absolutamente todos, dicen: «He tenido mucha suerte, ¿sabéis?». Estamos en el polo opuesto de la ideología del superhombre, que implícitamente contiene a la del subhombre.

Podemos poner muchos ejemplos de situaciones donde se puede aplicar los principios de la resiliencia, y en concreto en el ámbito familiar. En el hospital universitario La Paz, de Madrid, se impartió en el año 2005 uno de los primeros talleres sobre resiliencia dirigido a padres de niños con cardiopatías congénitas. La promotora y responsable del curso fue la doctora Marta García-Sancho, de la Fundación Menudos Corazones, que había asistido a cursos impartidos por Boris Cyrulnik. Según explicaba en una entrevista concedida al periódico *El Mundo*: «En nuestro taller pretendemos formar a los padres de niños cardiópatas para que eduquen a sus hijos en la resiliencia, pues estos pequeños van a sufrir mucho por su problema de corazón y se sienten diferentes a los demás niños. Esta teoría educativa, que puede aplicarse en cualquier campo, pretende sacar a flote lo mejor de uno mismo y reforzarlo, es decir, poner los cimientos de una personalidad sana, segura y capaz de superar las hostilidades de la vida». En su caso hablaba con bastante razón de causa ya que es madre de un niño con esa disfunción y que nada más nacer soportó seis horas de quirófano. El fortalecimiento de la autoestima y la seguridad es muy importante para el desarrollo de la personalidad de estos niños, y por tanto ella como muchos otros padres, a pesar del dolor que internamente sienten, deben ser capaces de sacar los mejor de sí mismos para infundir esas virtudes a sus hijos.

En este sentido, el principio del trauma permanece en el sujeto compensado por los recursos internos que se conocen como pilares de la resiliencia: Autoestima consistente, independencia, capacidad de relacionarse, sentido del humor, moralidad, creatividad, iniciativa y capacidad de pensamiento crítico, y de los que luego hablaremos. Además del soporte social de las personas que rodean: familia, amigos, cuidadores, cuyo apoyo es indispensable. Se ha comparado por algunos psicólogos el concepto de oxímoron al concepto de Freud de la escisión del Yo en el proceso defensivo; frente a las amenazas, el sujeto afectado se escinde para poder continuar la satisfacción de sus «pulsiones» por una parte, mientras a otro nivel sufre la continua acción de la amenaza recibida que sabe real y posible. Luego fue ampliando la aplicación de este tipo de defensa en las psicosis y neurosis, y a la vida de las personas normales.

¿Cómo se supera el doble golpe en la persona? ¿Cómo se sobrelleva la adversidad, el trauma? Según Cyrulnik construyendo una salida vital para superar el trauma, produciendo una modificación de su yo, la escisión, con el auxilio de la denegación. Primero curando y cicatrizando el golpe, y después a través de un proceso de transción, de modo que el entorno familiar y social coopere en la superación. La persona herida, por una circunstancia adversa, cuando el exterior le inflige un golpe, todo ella queda impregnada, tanto en el cuerpo como en la memoria. La resiliencia se vuelve característica de la personalidad herida pero resistente, que porta su parte sufriente pero puede ser feliz a pesar de todo. Pero en que el entorno el contacto con los demás humanos es básico. El trauma puede ser el punto de partida de un grave problema pero también un punto de partida en cuanto a generar una fuerte y útil estructura de resistencia. La misma idea que comentábamos al hablar del significado de la crisis en el idioma chino.

En otro de sus libros *El murmullo de los fantasmas* se centra en la adolescencia, esa compleja y crítica etapa de la vida. La aparición con fuerza de la sexualidad en un cuerpo que se transforma, que vive las vicisitudes de su transformación en adulto, la aparición de la identidad, de su propio *yo*, constituye una búsqueda fundamental donde el papel de los padres es importante. Por otra parte, el deseo de autoafirmación genera el conflicto con la autoridad en general, no sólo la paterna. Los problemas en esta etapa residen en encauzar, en encontrar nuevos sentidos a una vida que se llena de incertidumbres, sobre todo en situaciones de riesgo. Aquí es donde se produce el efecto del terrible pasado de la infancia de la persona, que retorna como un «murmullo fantasmal» que lo obliga a poner los hechos y emociones en el modo de una narración a la que él mismo le va dando sentido. De la misma manera, aplica la teoría del doble golpe de la experiencia traumática: la primera en la realidad y la segunda en la representación. Es en relación a ésta donde puede instalarse el trabajo de la resiliencia. El adolescente la busca, primero en la familia y si ahí no la encuentra será con sus equivalentes, con un docente, o cualquier adulto significativo que juegue como tutor de su desarrollo resiliente. Con un entorno adecuado afectivamente que respalde su socialización, el adolescente puede rememorar sus experiencias traumáticas y ubicarlas en un relato positivo de su vida. Los fantasmas quedan conjurados.

La metáfora de la Casita

Sobre la resiliencia hay diferentes enfoques y perspectivas. Los profesores Anna Forés y Jordi Grañé describen una metáfora sobre el significado de la resiliencia, que se llama la Casita. La idea proviene de Stefan Vanistendael y Jacques Lecomte en la que comparan la estructura de la misma con una casa, una casa pequeña, de ahí su nombre. Es muy interesante ya que ayuda a entender todos aquellos factores, cualidades, o habilidades que integran los diversos conceptos que la componen, de una manera muy sencilla. También nos permite entender su lugar de importancia y la relación que tienen entre sí, desde los fundamentos hasta el tejado o los complementos. Los diversos pisos y estancias en que agrupan ese conjunto de elementos le dan un sentido bastante coherente e inteligible, e incluso nos puede ayudar a conocer nuestras fortalezas y debilidades, y poder construir, mejorar o reestablecer alguno de los valores que constituyen la resiliencia en nuestra vida. A nivel pedagógico y educativo resulta muy práctico en especial para los padres y profesores, en cuyo contexto es muy fácil de usar. Por otra parte se trata de un modelo adaptable, que cada uno de nosotros puede interpretar de muchas maneras, pero que nos puede servir de guía para descubrir en cada situación concreta lo que necesitamos mejorar y después ver cuáles serán las acciones a llevar a cabo en cada caso.

Los cimientos. En primer lugar está el suelo sobre el que está construida. Aquí lo primordial son las necesidades materiales elementales. En cierta manera es similar a la conocida pirámide de Maslow. No se puede elaborar ninguna teoría del bienestar si en primer lugar la persona no tiene cubierta sus necesidades básicas, como son la comida, el hogar, la subsistencia, la salud. Pero en esta metáfora en la base se sitúa también todo lo que constituye la red de relaciones sociales que tiene una persona, la familia, los vecinos, los amigos, los compañeros de trabajo, y este punto es fundamental. Como hemos visto, aquellas personas que han pasado por experiencias muy duras, reconocen que la relación y el apoyo de los demás ha sido básico para poder superarlas. Por último, en el centro de estas redes, de estas relaciones, se sitúa la aceptación profunda de la persona. Un concepto que cada vez tiene una importancia primordial dentro de lo que se llaman la tercera generación de terapias en psicología, las terapias de aceptación y compromiso. Aceptarse a uno mismo tal cual es.

La tierra. En la planta baja encontramos la siguiente cualidad, la de encontrar un sentido a la vida, descubrir un porqué a la existencia, tener algo por lo que vivir. Recordemos el motivo que alentaba a Viktor Frankl a resistir el Holocausto o a Alexandr Solzhenitsyn en el Gulag, que era poder contar algún día todo aquello que habían visto, la tragedia que había vivido las víctimas, ese era su principal motivación. Naturalmente aquí pueden intervenir diversos factores, e incluso puede canalizarse a través de una filosofía o creencia que proporcione principios o inquietudes que den consistencia a ese sentido que todos buscamos. Este nivel es el de los proyectos concretos, el de los objetivos que cada persona tiene, no sólo en lo que hace referencia a sí mismo, sino en relación con los demás, y sobre todo que estén en línea con ese sentido de la vida. En el caso de los niños y adolescentes, el descubrimiento de ese sentido puede y debe ser activado por los adultos, por ejemplo favoreciendo el diálogo con los demás, valorando a todos los seres vivos, la naturaleza y el entorno material.

El primer piso. Aquí encontramos tres habitaciones que corresponden a conceptos más elaborados: la autoestima, las competencias y aptitudes, el humor y las estrategias de adaptación. Al igual que en una casa las habitaciones están comunicadas entre sí, es decir que los conceptos están de alguna manera relacionados; por ejemplo la autoestima, uno de los factores esenciales de la resiliencia, está en estrecha relación con las aptitudes, con la aceptación de uno mismo y de los demás, y con la capacidad de adaptarse a la evolución de la vida. En la parte de aptitudes y competencias, se trata no sólo las aptitudes cognitivas, sino también de las relacionales profesionales, gracias a las cuales ellas podremos expresar sentimientos y emociones, y mostrar la capacidad práctica de salir adelante en la vida cotidiana, en el trabajo.

El sentido del humor es fundamental en las relaciones humanas. Podemos decir que es uno de los principales aportes o lo que marca la diferencia de la especie humana en todo el proceso de la evolución. Los humanos somos los únicos que nos reímos. Además, el sentido del humor se aprende por el contacto con los demás, con la interacción con las personas. Es posible reírse solo, pero lo más común es reírnos en compañía de los demás, incluso aunque no tengamos el mismo lenguaje. No hay una asignatura en ninguna universidad o centro de enseñanza que nos enseñe a tener humor. En los últimos años se ha descubierto el valor terapeútico y de bienestar que produce la risa. Hay muchas personas que practican la risoterapia. La risa es contagiosa. Al igual que la sonrisa. Pensemos que gracias al humor construimos relaciones, vínculos y asociaciones inesperadas; mediante el humor se relativizan muchas de las situaciones cotidianas, incluso en el ámbito laboral. El humor nos libera de la rutina y del estrés cotidiano, y nos proporciona un aliciente para vivir. Una fuente del humor, como ya analizaba Sigmund Freud, es lo insólito, lo que está fuera de contexto, eso nos hace reír, y en las situaciones que nos generan mas tensión, como suele ser en el trabajo, el humor nos puede ayudar a ver las cosas de otra manera.

El desván. En la parte superior, en el tejado, situamos la apertura a otras muchas experiencias. Digamos que son diferentes y complementarios de los conceptos de los pisos inferiores. Por ejemplo el sentido de la belleza o la creatividad. Pensemos que aunque tenga la forma de una estructura rígida, los conceptos se van relacionando entre sí. Por ejemplo, la autoestima ayuda a fijar las relaciones sociales, y consolidar el sentido de la vida y nuestros objetivos, y viceversa. El orden es un poco relativo. Por otra parte hay que tener en cuenta que las culturas son diferentes y variadas, por tanto, y que al final esas estancias se pueden construir de otras maneras según el ambiente y el entorno social. La Casita puede servir para encontrar los puntos fuertes y débiles que tiene una persona, sea niño o adulto, o un grupo o comunidad, y es una bella herramienta para trabajar la resiliencia.

El modelo de Edith Grotberg

La psicóloga Edith Grotberg, una de las figuras internacionales más reconocidas en la promoción de la resiliencia en el ámbito profesional, creó un modelo muy sencillo, conocida la noción dinámica de la resiliencia. A través del mismo se puede caracterizar, por las expresiones del lenguaje usado, a las personas resilientes. Habla de tres niveles. Por un lado el soporte social, por el uso del «yo tengo», por otro la fortaleza interna, por el uso del «yo soy» y el «yo estoy» y por otro las habilidades personales, como el «yo puedo». El modelo, tal como ella misma lo presenta en un capítulo del libro, *Resiliencia. Descubriendo las propias fortalezas*, sigue un esquema de la forma siguiente:

Yo tengo

1. Personas alrededor en quienes confío y que me quieren incondicionalmente.
2. Personas que me ponen límites para que aprenda a evitar los peligros o problemas .
3. Personas que me muestran por medio de su conducta la manera correcta de proceder.
4. Personas que quieren que aprenda a desenvolverme solo.
5. Personas que me ayudan cuando estoy enfermo o en peligro o cuando necesito aprender.

Yo Soy

1. Una persona por la que otros sienten aprecio y cariño.
2. Feliz cuando hago algo bueno para los demás y les demuestro mi afecto.
3. Respetuoso de mí mismo y del prójimo.

Yo estoy

1. Dispuesto a responsabilizarme de mis actos.
2. Seguro de que todo saldrá bien.

Yo puedo

1. Hablar sobre cosas que me asustan o me inquietan.
2. Buscar la manera de resolver mis problemas.
3. Controlarme cuando tengo ganas de hacer algo peligroso o que no está bien.
4. Buscar el momento apropiado para hablar con alguien o para actuar.
5. Encontrar a alguien que me ayude cuando lo necesito.

Se trata de una aportación muy interesante al concepto de resiliencia, ampliamente citada y divulgada en casi todos los textos. En primer lugar proporciona una herramienta muy sencilla para comprender los factores que protegen a las personas de los efectos adversos, de las tragedias sociales, del ambiente que las rodean. Por otro es un muy buen reflejo de los diferentes factores que la componen, como la autoestima, la confianza en uno mismo, la confianza en el entorno, la autonomía, o la competencia social. El hecho de usar estas expresiones denotaría que se poseen estos valores, y por tanto que al usarlas cada uno construye su capacidad resiliente. Por otra parte, permite el diseño de métodos prácticos de promoción de dichos factores, y de esta manera asegurar un desarrollo favorable que prevenga la aparición de todo tipo de problemas. Por este motivo se recomienda a los educadores, agentes de salud, asistentes sociales, que promuevan mediante sencillas estrategias, el aumento de estas expresiones, por ejemplo en niños o adolescentes, y de esta manera aumente su resiliencia.

Hay que tener en cuenta que en los niños las actitudes y conductas resilientes suponen una interacción dinámica con los factores externos, que además van cambiando en las diferentes etapas de su desarrollo como personas. Como cambian también las dificultades, problemas y adversidades a los que se van a enfrentar a lo largo de su vida, y ello implica cambios en sus actitudes y en sus conductas resilientes. Por ejemplo potenciar la autoestima y la buena autoimagen será diferente en la adolescencia que en otras edades. Ello es extensible a otras actitudes y valores, como los conocimientos de sus fortalezas y debilidades, el cultivo de sus aficiones y potenciales. O al incentivo de la capacidad de expresar sus sentimientos y necesidades, aprender a tomar los errores como lecciones y no como fracasos, tener creatividad, tener buenas relaciones emocionales; así como saber pedir ayuda cuando se necesita, reflexionar antes de actuar, tener auto control, y ver la vida con optimismo, con sentido del humor.

En el manual de identificación y promoción de la resiliencia entre niños y adolescentes de la organización panamericana de salud integrada en la OMS se pone como ejemplo el diario de Ana Frank. El día 12 de junio de 1942 escribe: «Te confío toda especie de cosas, como jamás he podido hacerlo con nadie, espero que tú seas un gran apoyo». Los valores resilientes la ayudaron a soportar la adversidad y mantener su arrojo y convicción hasta el final, como escribe el día 7 de marzo de 1944, muy poco antes de su captura y traslado al campo de exterminio de Auschwitz: «quien tiene coraje y confianza, no zozobrará nunca en la angustia».

Resiliencia y neurobiología

Para acabar esta visión general de la teoría psicológica de la resiliencia, veamos la relación que puede tener con las demás disciplinas que estudian la mente y el cerebro. Los avances científicos son constantes, los investigadores disponen de herramientas cada vez más sofisticadas, los grupos de trabajo de todo el mundo publican resultados sorprendentes, y poco a poco se va aclarando el panorama del funcionamiento de la mente. Antes hemos hablado del enfoque piscobiológico de la resiliencia que propone un grupo destacado de psicólogos de la llamada escuela anglosajona. ¿Qué es la piscobiología? Se trata de una teoría importante dentro de la psicología, que en general es el estudio de la conducta y procesos cognitivos humanos. Su propósito es descubrir las relaciones entre la psicología y la biología. Como seres biológicos que somos, disponemos de unas propiedades y funciones biológicas que nos permiten establecer una relación activa con el medio que nos rodea. Nos pasamos la vida en un intercambio continuo con el ambiente. La respiración es un ejemplo, no paramos de tomar oxígeno y devolver CO_2 hacia el entorno; la piel es otro muy claro, el sudor, la regeneración de las células, el sol, el aire, la regulación térmica, energía que va y viene. En cierta manera somos máquinas bioquímicas, entendiendo máquina en el sentido de la capacidad de transformación de la energía. Y por tanto parece lógico plantearnos cómo influyen en el comportamiento humano, es decir, cuáles son los procesos y sistemas biológicos que afectan a la conducta. Como parte de la biología, debe tener muy presente la teoría de la evolución de Darwin, una teoría fundamental de la ciencia, es decir, ha de saber cómo hemos ido cambiando como especie a lo largo del tiempo, cómo se ha ido haciendo nuestra mente, como se ha ido formando nuestra conducta por el influjo de la selección natural, durante los miles de años en que tuvo lugar el proceso de la evolución humana. Por otra parte, existe una especialidad llamada psicobiología del desarrollo donde se estudian los principales factores psicobiológicos que inciden en los niños y en su desarrollo. Un apartado específico que analiza son los trastornos que pueden tener lugar durante el crecimiento, aportando con ello una dimensión diferente al estudio y a la práctica clínica.

La ciencia tiene en sus manos nuevos y poderosos mecanismos de exploración cerebral. Estos medios permiten, por ejemplo, mostrar imágenes de las regiones cerebrales mientras ejecutan una tarea determinada. Los investigadores puedan analizar cualquier función cerebral en el momento que se ejecuta. La neurología o las neurociencias son una de las disciplinas que más han avanzado gracias a estos métodos diagnósticos. La neurobiología constituye otra disciplina de estudio científico, basada en la neurología y en la biología, es decir relaciona el funcionamiento del cerebro humano con el sistema nervioso celular. Uno de los elementos esenciales de investigación es el análisis de la estructura y la función del sistema nervioso y su desarrollo a través de la evolución humana. Y otro de sus objetos de estudio es intentar descubrir cuáles son los mecanismos que utilizan las células nerviosas en los procesos que comportamiento. Hemos de pensar que los grandes avances en la investigación sobre el cerebro y el sistema nervioso tienen lugar a partir de la segunda mitad del siglo XX. El impulso lo dan la «Fundación Internacional de Investigaciones sobre el Cerebro», instaurada en el año 1960, y la «Sociedad para la Neurociencia», desarrollada en Europa, con posterioridad. La década de los años noventa fue declarada «la década del cerebro» por la comunidad científica; afirmando con ello la importancia que tiene conocer su funcionamiento para entender al ser humano. Pero recordemos que el interés por conocer los secretos del cerebro se remonta a la época de la civilización egipcia, donde ya fue objeto de estudio.

Podemos decir que la neurobiología es una simbiosis entre biología y neurología, aunque hoy en día los estudios e investigaciones implican a otras disciplinas, como la bioquímica, la psicología, e incluso a la física. Gracias a esta integración, y a los grandes avances realizados en las últimas décadas, los neurobiólogos la han convertido en una materia que destaca con luz propia. Estudian cómo los cambios anatómicos, fisiológicos y bioquímicos afectan al desarrollo y a la maduración normal del cerebro; también cómo las formas de aprendizaje y la modificación de la conducta se manifiesta en la plasticidad cerebral. Campos en los que en los últimos 20 años se han realizado desarrollos importantes. Así ha hecho posible que los psiquiatras se planteen el origen de los trastornos que afectan a sus pacientes como una asociación entre predisposición genética y factores medioambientales. Lo que está dando lugar a nuevos enfoques en los tratamientos convencionales. Por último, mencionamos otra disciplina, la neurogenética, una especialidad de la neurobiología que aplica los conocimientos de la genética a la neurobiología del desarrollo.

Las personas que caen víctimas de una depresión tienen una disminución significativa de los niveles de serotonina en su cerebro.

Los últimos años han generado una serie de descubrimientos y publicaciones en medios científicos, algunos incluso llegan a hacerse eco en los medios normales. Veamos algunos de éstos, y si tienen o no relación con la resiliencia.

En el año 2003, se publicó un artículo en la prestigiosa revista *Science*, en el que investigadores del Reino Unido, Estados Unidos y Nueva Zelanda, analizaban el porqué unas personas ante una fuerte carga de estrés caen en la depresión y otras no. La depresión es un grave trastorno que afecta a muchas personas, considerado por algunos como la enfermedad de nuestro tiempo; en su origen parecen estar ciertas experiencias vitales muy estresantes. La causa que apuntaron fue la presencia de un gen denominado en genética el 5-HTT, que forma parte de la familia de genes 5-HT. Gracias al proyecto Genoma Humano se han descubierto numerosos genes que tienen interés en psiquiatría. La importancia de este gen era conocida ya que tiene un efecto regulador de la serotonina. En personas afectadas por la depresión, se conoce desde hace tiempo que existe una reducción significativa de la concentración de serotonina en determinadas regiones del cerebro, como el hipotálamo o la amígdala. La serotonina también está implicada en el sueño, la conducta alimentaria, la conducta sexual y la impulsividad. Un tipo de antidepresivos llamados ISRS basan su función precisamente en tratar de regularla, también se piensa que sirven para reducir la vulnerabilidad al estrés. Por tanto ¿influye en la capacidad del individuo para recuperarse de traumas emocionales graves, como el maltrato infantil y el abuso sexual? ¿Tiene alguna relación con la resiliencia?

La respuesta no es sencilla, de hecho es muy compleja. En el año 2009 apareció otro estudio, en otra revista más especializada llamada *Archives of General Psychiatry* y realizado por investigadores de la universidad de Michigan, que matizaban los resultados del anterior. No eran partidarios de vincular la susceptibilidad genética con la depresión, basándose en estudios genéticos sobre el gen indicado. Pero en el año 2011, otro trabajo, coordinado por Srijan Sen, profesor de Psiquiatría de la mencionada universidad de Michigan, parece haber resuelto la cuestión. Se basa en el análisis del vínculo genético sobre 54 estudios llevados a cabo entre 2001 y 2010 sobre un total de más de 41.000 participantes. Por tanto es el análisis más amplio realizado hasta la fecha sobre la relación del gen de la serotonina con la depresión. En palabras del mencionado profesor cuando hizo público el descubrimiento: «Hemos hallado que la base genética de un individuo marca la diferencia sobre cómo responde al estrés». Este descubrimiento podría servir, entre otras cosas, para identificar a los pacientes con depresión que responderán mejor a ciertos tratamientos. Lo que significará una gran ventaja y una ayuda importante a los médicos y a los pacientes. Sen y su equipo llegaron a la conclusión de que el gen de la serotonina hace a las personas más sensibles ante las adversidades y dificultades vitales. Además de confirmar la relación entre la sensibilidad al estrés y el gen en aquellas personas que han sufrido alguna desgracia, y concluir como cabría esperar, que el efecto sobre la salud mental es proporcional a la magnitud del trauma. Queda patente, en todos estos trabajos, que el riesgo para la depresión tiene una cierta predisposición genética, pero la comprensión de esta enfermedad, y en general de las características complejas del ser humano no será posible sin considerar a la vez el efecto de genes y el efecto del ambiente, en su sentido más amplio. Los estudios genéticos abren un camino nuevo, no sólo para comprender la depresión y la resiliencia, sino para comprendernos a nosotros mismos como seres humanos.

En el año 2007, científicos de las universidades McGill, en Montreal, y Harvard, en Estados Unidos, presentaron un estudio de cómo era posible reducir los recuerdos traumáticos en las personas afectadas por una experiencia adversa. Para ello utilizaron un medicamento llamado propranolol, cuyo uso más habitual es en el tratamiento de la hipertensión, la angina de pecho, o la prevención de los ataques del corazón y la migraña. Según apareció publicado en la revista *Journal of Psychiatric Research*, se trató a 19 pacientes con estrés postraumático crónico (TEP). En una primera sesión describieron y relataron por escrito lo que les había sucedido. Después recibieron una dosis diaria de dicha sustancia o, en otros casos, de un placebo, de manera aleatoria, aplicando el método del doble ciego, que se usa en medicina para comprobar los efectos de un medicamento. Una semana más tarde se les pidió a todos que describieran de nuevo el acontecimiento, mientras se les medían las pulsaciones y otros parámetros físicos sintomáticos del estrés. El descubrimiento fue que la respuesta psicológica al estrés resultó significativamente menor en aquellas personas a los que se les había suministrado el propranolol respecto a los que habían consumido un placebo. Lo que había sucedido es que los investigadores habían logrado que los pacientes guardaran el recuerdo de sus tristes experiencias pero de otra manera, con un efecto reducido. El uso del propranolol había logrado inhibir las sensaciones de ansiedad que les producía el estrés de la memoria. La sensación que aparece cuando los pacientes evocan los sucesos que les marcaron. Es como si los afectados pudieran guardar en sus cerebros una versión más ligera o atenuada de lo que les pasó. No era la primera vez que se había aplicado el propranolol con esta intención, de hecho el mismo medicamento había sido utilizado por estos investigadores hace algún tiempo en un estudio llevado a cabo con unas 20 personas de Montreal, traumatizados desde hacía decenas de años por abusos sexuales en su infancia, violaciones o accidentes, y a las que les hicieron enfrentarse de nuevo a sus traumas. Eso permitió que sus recuerdos salieran a la luz, con el fin de que fueran guardados con otra sensación, de otra manera, más leve, gracias al efecto del medicamento. Científicos de diferentes universidades trabajan actualmente en cómo aplicarlo en las horas siguientes a un hecho traumático, y en estudiar si se reduce la respuesta psicológica a este tipo de hechos. Una noticia muy esperanzadora de la que se hizo eco el diario británico «Telegraph» afirmando que el equipo de investigación había descubierto por tanto que este medicamento es capaz de eliminar los efectos de un recuerdo, mientras que deja intacta el resto de la memoria.

En 2010, investigadores de la Escuela Médica de la Universidad Johns Hopkins y del Instituto Médico Howard Hughes, en Estados Unidos, descubrieron otra relación entre proteínas y memoria. En concreto, los científicos constataron que, eliminando ciertas proteínas de la región del cerebro responsable de recordar los temores, podían borrar de manera permanente los recuerdos traumáticos. Aunque de momento sólo son experimentos con ratones de laboratorio, los autores del estudio afirman que, en un futuro, este mecanismo podría servir para desarrollar medicamentos destinados a eliminar los miedos ocasionados por eventos traumáticos en personas. En el año 2011, otro estudio de la Universidad de California, dirigido por neurocientíficos, y publicado en la revista especializada *Journal of Neuroscience* afirmó haber conseguido eliminar los recuerdos traumáticos en caracoles marinos, inhibiendo la actividad de una proteina específica, que se sabe está relacionada con la memoria. Según dicen los científicos, este logro ayudará a eliminar los recuerdos traumáticos que sufren, por ejemplo, los veteranos de guerra, las víctimas de violación, o las personas que han sufrido accidentes o han sido testigos de crímenes violentos.

Aunque se trata de un esbozo, todavía es prematuro afirmar que existe una base neurobiológica de la resiliencia, los datos y avances científicos proporcionarán en el futuro la clave y la solución.

Resumen: Una pausa para pensar

La respuesta a la pregunta inicial, ¿podemos estar bien, ser nosotros mismos, en medio de una crisis, de una adversidad?, la tenemos que encontrar cada uno, está claro, pero en este punto hay algunas cuestiones clave sobre las que podemos reflexionar.

Un día, cuando menos lo esperemos, aparecerán los nubarrones de las crisis en nuestra vida y se pondrá a llover cuando más desprevenidos estemos, «lloraremos sin querer» como decía el poeta Rubén Darío.

Los antiguos sabios y filósofos nos aconsejaban pensar en las tormentas antes de que estallen, aunque no queramos. ¿Hemos pensado alguna vez, con calma, a solas, qué es lo que más tememos, lo que más congoja nos produciría?

Cuando «el destino llame a nuestra puerta» en palabras de Beethoven, aparecerán dos compañeros de la naturaleza humana, la inquietud y el miedo. Podemos superarlos creando espacios de serenidad y pensamiento positivo en nuestras vidas. Más adelante veremos cómo.

Otros seres humanos, otras personas nos dan testimonio de que no hay nada imposible. Tengamos esperanza para salir adelante, vivamos con espíritu de superación, y cultivemos la perseverancia.

Capítulo II
Los valores resilientes

Aunque hablamos de los valores o bases de la resiliencia como una capacidad que puede desarrollarse, también existen opiniones en el sentido de que se trata de algo innato. Puede que en el fondo ambas sean ciertas, que por un lado haya un componente individual, un rasgo de la personalidad, y por otro los factores del entorno influyan en su desarrollo. Los últimos estudios realizados apuntan en ese sentido. Como uno llevado a cabo en el año 2004 con un millar de gemelos nacidos en condiciones socioeconómicas pobres. Quedaron determinados factores genéticos, como el temperamento, y factores medioambientales, como el afecto materno, constituyendo ambas clases de factores las bases de la resiliencia. Por otra parte, antes hemos señalado que según afirman algunos expertos, las personas que han vivido en situaciones de grave adversidad, al cabo de un tiempo, gracias a su capacidad de resiliencia pueden encauzar su vida. Pero tenemos que pensar en las que no se recuperan o las que tardan más en hacerlo. Por ejemplo, en el estudio psicológico de seguimiento de las víctimas de los atentados terroristas de Madrid del 11-M, realizado por un equipo de psicólogos y trabajadores sociales de la Asociación de Ayuda a las Víctimas del 11-M se indica que al cabo de 36 meses, «el 50,4% de los afectados aún presentan síntomas como ansiedad, depresión, y una sensación constante de miedo e inseguridad ante la vida». También se señala, y es un dato significativo, que un 16% todavía era incapaz de viajar en tren. Por otra parte, la mitad de las familias dicen no haber recuperado la vida social anterior a los atentados.

> Las personas afectadas por los mencionados atentados, apuntan que el factor principal de resiliencia que les ha ayudado a superar el trauma es el entorno sociofamiliar. Este resultado fue publicado en la *Revista de la Asociación Española de Neuropsiquiatría*, por un equipo de médicos, psiquiatras y psicólogos, en base a 76 entrevistas realizadas a víctimas que residían en la ciudad de Alcalá de Henares. Participaron personas de diferentes nacionalidades, creencias, y situaciones personales.

Hay motivos suficientes para plantearnos ¿cuáles son los valores que desarrollan las personas resilientes o que han vivido duras experiencias y han sido capaces de salir adelante? Por un lado porque si se identifican estos valores, se pueden fomentar en los programas educativos o en los talleres de apoyo para las personas y familias en situación de riesgo. Y por otro, se puede hacer extensivo al resto de las personas para consolidar sus capacidades. En cuanto a cuales son estos valores, veamos algunas opiniones al respecto. Por ejemplo, el doctor Luis Rojas Marcos habla de dos clases de valores, seis factores o pilares que son propios de cada individuo y de seis mecanismos protectores. Los primeros serían según él: las conexiones afectivas, las funciones ejecutivas, como el control emocional; el control interno, la autoestima, el pensamiento positivo, y la motivación para vivir. Y los segundos serían: la mente abierta, la intuición y análisis informado, el altruismo, el sentido del humor, la solidaridad y el perdón.

Muchos autores concretan en nueve lo que algunas corrientes denominan los pilares de la resiliencia individual, a partir de múltiples estudios realizados. Son los siguientes. La confianza, base de las demás. La autoestima consistente. La introspección, entendida como el arte de preguntarse a sí mismo y darse una respuesta honesta. La independencia, saber fijar límites entre uno mismo y el medio con problemas, de mantener distancia emocional y física sin caer en el aislamiento. La capacidad de relacionarse, habilidad para establecer lazos e intimidad con otra gente, para equilibrar la propia necesidad de afecto con la actitud de brindarse a los otros. La iniciativa, gusto de exigirse y ponerse a prueba en tareas progresivamente más complejas. El sentido del humor, encontrar lo cómico en la propia tragedia. La creatividad, capacidad de crear orden, belleza y finalidad a partir del caos y el desorden. La moralidad, consecuencia para extender el deseo personal de bienestar a toda la humanidad y capacidad de comprometerse con valores; este elemento ya es importante desde la infancia, pero a partir de los 10 años. Y el pensamiento crítico, entendido como la comprensión de que las cosas pueden ser de otra manera.

Vamos a ver reflexionar sobre algunos de los valores resilientes en prevención de las adversidades que nos van a llegar, y qué podemos hacer por potenciarlos.

Uno mismo: Visión y afirmación

La autoestima es uno de los pilares de la resiliencia. Hoy en día se habla mucho de esta idea psicológica que

William James fue el primero que investigó, en el año 1890, en su libro *Principios de psicología*, y constituye el punto de partida de un análisis que todavía perdura. Hay muchos autores que han escrito sobre ella, tan conocidos como Luis Rojas Marcos, Jorge Bucay o Nathaniel Branden. Es un concepto bastante de moda, en la educación, en la psicología, en las empresas, en las organizaciones, en el deporte. Fomentar la autoestima de los alumnos, trabajadores, empresarios, deportistas, y de las personas en general se ha planteado incluso a nivel institucional.

¿Qué entendemos por autoestima? La opinión que tenemos de nosotros, la forma de vernos, la manera en que pensamos sobre nosotros mismos. Podemos decir que es el cimiento de nuestra personalidad. Una autoestima bien fundamentada y robustecida, afirmada día a día, es decir consistente, constituye la base de nuestra vida personal, y por tanto de la de nuestros logros y metas. Podemos decir que es el concepto que tenemos de nosotros mismos, pero naturalmente es una opinión subjetiva, al igual que la opinión que tenemos sobre los demás. De la misma manera que vemos, que percibimos a las personas que nos rodean, igual lo hacemos con nosotros, de manera consciente o sin darnos cuenta. Sería la aceptación positiva de nuestra identidad, y el sentimiento de respeto que tenemos de nosotros mismos.

Hemos de tener en cuenta que hay dos factores a tener en cuenta. Por un lado, esa idea general que tenemos de nosotros mismos sobre lo que hemos hecho, lo que hemos logrado, lo que hemos realizado en las distintas facetas de la vida. Y por otro está la valoración de todo ello, que puede ser positiva o negativa. Cuando por ejemplo, nos decimos a nosotros mismos: «¡Qué mal lo he hecho!» estamos creando esa opinión, esa valoración. Imaginemos que ha sido por causa de algo que hemos dicho a una persona que tiene importancia para nosotros, eso suele suceder en la adolescencia, cuando uno está construyendo las primeras relaciones interpersonales; o bien o tras haber hablado en público o tras una reunión importante, en actividades que generan un cierto estrés; o simplemente al recordar hechos o sucesos del pasado, otro motivo frecuente donde nos enfrentamos a anteriores errores. Puede suceder que, a pesar de que hayamos hecho cientos de veces bien la misma cosa, una vez nos salga mal, y nos sintamos malhumorados y nos digamos a nosotros mismos: «¡Que torpe soy!». Por ejemplo, si nos dedicamos a cocinar y nos hemos preparado cientos de platos, si un día se nos quema o se nos pasa un cocido, ¿tiene sentido que tengamos esa mala opinión? Eso tan simple, es más habitual de lo que pueda parecernos.

> En un estudio muy conocido de la doctora Victoria Medvec de la Universidad de Cornell, en Nueva York, se descubrió que bastantes atletas olímpicos que ganan medallas de plata están menos satisfechos con su medalla que los que obtienen la de bronce. Es muy interesante ya que

> parece un total contrasentido. La explicación radica en que el logro de la segundo posición, muchas veces no se considera tal, sino la consolación por no haber logrado la medalla de oro por muy poco. Mirado de esta manera, es una decepción. Pensemos en los corredores que en el sprint final se quedan por décimas de segundo sin el oro y pueden haber tenido el éxito total por muy poco. En cambio los terceros en subir al podio y tener la medalla de bronce, a pesar de no ser los números uno ni los segundos, valoran más su actuación ya que piensan en que podían haberse quedado sin medalla también por muy poco.

Visto desde afuera, la visión de los que obtienen la plata nos puede sorprender. Se trata de una interpretación subjetiva, como tantas otras cosas, pero muy significativa. Sin embargo, si nos pusiéramos en su lugar, nos sentiríamos muy satisfechos. ¿Verdad? Nos es más sencillo valorar las situaciones de los demás en su justa medida que la nuestra. Desde fuera las cosas se ven de otra manera, es cierto, y se ven sin ninguna complicación emocional. Eso nos sucede con nuestros hijos. Si nos dicen, «no aprobaré el examen», o «no pasaré la prueba», no sólo somos capaces de hacerles ver su error, sino de aumentar su autoestima, animándoles con nuestras palabras de estímulo. Sin embargo, con nosotros mismos, no actuamos así. No hemos aprendido a darnos palabras de ánimo en los momentos difíciles. Un coraje convincente. Porque tal vez sí que nos digamos: «saldré adelante», con la boca y el corazón, pero ese optimismo no llegará al fondo de la mente, donde las ideas irracionales se propagan como un virus.

Por eso el consejo de los sabios, sobre la conveniencia de observar lo que pensamos se aplica muy directamente a la autoestima. Si algo fracasa en nuestra vida, bien sea por nuestra causa directa, bien por la acción de los que nos rodean, o simplemente por causas ajenas y distantes, nuestra autoestima se resentirá. Eso lo hemos visto cuando hablamos de la crisis y sus efectos en las personas; empresas que se han hundido, negocios que dejan de funcionar, proyectos que no se pueden acabar, y ello supone muchas vidas afectadas. Pero aquí es donde tenemos que reflexionar sobre la vida, hay un continuo fluctuar entre los éxitos y los fracasos, habrá cosas que nos saldrán bien y cosas que nos saldrán mal. Si nos lamentamos y dejamos abatir por las pequeñas contrariedades, eludimos la base necesaria para afrontar los mayores males. La vida oscila entre las cosas que salen mal y las que salen bien. No nos hemos de dejar abatir en los momentos tristes, ni ponernos eufóricos en los momentos buenos. En la vida habrá de todo. Muy buenos ratos y otros menos buenos. Nadie se libra de ello.

> No olvidemos que la vida es un continuo oscilar entre lo que sale bien y lo que sale menos bien.

Las personas que creen en sí mismas, que tienen una fe irrefutable en sus capacidades son las que tienen más probabilidades de salir adelante. Eso sucede con las pruebas físicas en la adolescencia. Me viene a la cabeza el ejemplo de las pruebas atléticas. El caso del salto del potro. Una prueba que requiere concentración y seguridad. La primera vez que me enfrenté a ella, los comentarios mientras entre los alumnos mientras esperábamos el turno eran: «Qué alto está», «es muy difícil», «nos la vamos a pegar», o sea los típicos comentarios de los apocados, temerosos y nerviosos por la prueba. Siempre había los más atrevidos, de los que nadie dudaba que saldrían bien parados. Ellos mismos se lo creían y alardeaban de su superioridad. Era raro que fracasaran, no porque fueran mejores que los demás, ni porque tuvieran más capacidad, era por su elevada autoestima. Creían en ellos y eso les impedía estar tan nerviosos y temerosos. Al revés que los demás solíamos salir malparados. Nos lanzábamos a la prueba, creyendo de antemano que nos saldría mal, sino lesionados. Habíamos perdido antes de empezar. Profecía autocumplida. Era mi caso. ¿Cómo lo superé? Simplemente entrenando con un buen profesor. Una buena preparación no sólo aporta conocimiento sino seguridad y tranquilidad. Lo primero que me hizo ver es que no hacía falta correr mucho. Primera sorpresa. La mayoría de los tortazos venían provocados por un exceso de velocidad y una mala coordinación. Así que me enseñó a cómo hacer los movimientos justos y bien combinados. Y luego a aplicar el método ensayo y error. Es decir, práctica y voluntad. El resultado final fue sorprendente, no sólo para mí sino para el juez que examinaba. No tuve que correr, me bastó con cuatro pasos, con el mínimo esfuerzo.

La mención a un adulto, a un profesor, a un entrenador, que acompaña en la adolescencia es fundamental. Si analizamos con detalle nuestra vida, recordaremos la figura de ese mentor que, a lo mejor sin proponérselo, nos dio un buen consejo, nos facilitó la clave para descubrir nuestra vocación, o nos ayudó a superar un obstáculo. Hay muchos estudios que confirman este punto de vista. En la Universidad de Baltimore en EE.UU. en la década de los años ochenta, se recopilaron 200 historias de jóvenes en situación de riesgo, con objeto de realizar una valoración psicosocial de su estado; el pronóstico de éxito en la vida para todos era prácticamente nulo. Al cabo de 25 años, alguien retomó el estudio, y los intentó localizar para verificar aquella predicción. Comprobó que la mitad con los que contactó habían acabado una carrera, creado un negocio, e incluso doctorado. Todos atribuyeron la causa de su logro a un maestro que les ofreció apoyo y comprensión. La autovaloración, es decir la valoración que tenemos de nosotros mismos, se forma a través de un proceso de asimilación y reflexión. Para ello interiorizamos las opiniones de las personas socialmente significativas para nosotros, desde nuestros padres y maestros, a compañeros y amigos. A veces la opinión de una sola persona puede influir mucho, en especial en la adolescencia, ¿no recordamos la influencia de alguien en esa edad que nos condicionara?

Este ejemplo se puede extender a muchas otras cosas. Vemos cosas que son bastante evidentes. Por un lado en la autoestima, primero hay que creer en nuestras capacidades frente a los desafíos básicos de la vida. Hay por tanto un factor de índole personal, primero hay que sentirse a gusto con nosotros mismos. Pero también nuestro entorno nos puede ayudar o no, si estamos rodeados de personas que nos apoyan, que nos valoran, que ratifica con su aplomo nuestra valía, que nos animan en todos los momentos. Aquí entendemos las personas más significativas para nosotros, bien sean los padres, hermanos o familiares, los amigos y compañeros, u otras personas como profesores, colegas. O sea, los que forman nuestras relaciones interpersonales. Son los que más contribuyen a favorecer o dificultar esas experiencias sociales, en las que nos sometemos a prueba, en las que podemos comprobar nuestras cualidades. Si recibimos el apoyo correcto, en función de las palabras que usan, del modo en que nos tratan, de cómo interpretan nuestras conductas y de la información concreta que nos transmiten sobre nosotros mismos, tenemos el apoyo social necesario. La suma de ambas cosas nos proporcionará un buen equilibrio mental en este sentido, sabremos conocer nuestras auténticas posibilidades, las de los demás y las del entorno. Si estamos a gusto con nosotros mismos y con los demás, sabremos amar la vida y estar motivados, sin estrés, sin temor, y no consideraremos ningún obstáculo insuperable.

Pensemos si frente a las dificultades o problemas ¿estamos derrotados de antemano? O por el contrario ¿creemos y afirmamos nuestra capacidades?

La autoestima tiene una gran influencia en nuestra salud. Michael Marmot, profesor de epidemiología en la Universidad de Londres y actual presidente anual de la Asociación Médica Británica (BMA) que lo eligió en su última asamblea en junio del 2010, publicaba un artículo en la revista de esta entidad, la prestigiosa *British Medical Journal*, donde planteaba una reflexión en la que vinculaba la autoestima con la salud, basándose en múltiples estudios realizados. Decía que se había comprobado en diferentes grupos de personas cómo se contribuía a aumentar sus niveles de autoestima y exigencia, si se favorecían los hábitos más saludables; para ello se compararon los resultados con grupos de control. En su opinión, lo más básico que busca el hombre es salud y autonomía, pero esta última es la más deseada y está relacionada con la autoestima. Al hablar del concepto de salud, indicábamos que el equilibrio emocional y psicológico es un todo. Según Marmot, los bajos niveles de autonomía provocan una disminución de la autoestima, lo que a su vez provoca que tengamos una salud peor. En otro estudio por él citado, realizado en dos grupos de indios americanos con niveles de obesidad y diabetes elevados, se les prescribió una dieta, con la diferencia de a que uno de ellos se les invitó a tener conversaciones acerca de su cultura e historia. Tras 12 meses de seguimiento los investigadores se percataron de que el grupo sobre el que se había actuado mejoró y en cambio el otro, empeoró. La conclusión a la que llega el autor del artículo es que al incrementar el sentimiento de orgullo de raza aumenta también los niveles de autoestima y exigencia, lo que contribuye a que tuvieran hábitos más saludables. Por último, también señalaba la relación de la autoestima con la situación laboral. Existen varios estudios que han mostrado el vínculo entre sufrir una patología coronaria, la mala situación en el lugar de trabajo y la descompensación entre esfuerzos y recompensas. Según el autor, el mecanismo por el que se recibe una recompensa acorde con el esfuerzo realizado es crucial para el fortalecimiento de la autoestima, y con ello de la salud.

En la visión de la autoestima existe el peligro de adoptar una postura individualista, caer en el egoísmo. Hemos de pensar que esa percepción que tenemos de nosotros mismos y la que creemos que tienen los demás de nosotros, dependen de los valores que imperen en nuestra cultura. Dos niños de la misma edad, en un mismo país, pueden tener percepciones diferentes si proceden de etnias o grupos religiosos diferentes. La presión del ambiente puede ser crucial. Algunas investigaciones prueban que el sentimiento de pertenencia a un grupo, etnia o, comunidad puede propiciar un sentimiento colectivo de autoestima que puede favorecer o no a sus miembros. La manifestación de la identidad de estos grupos, bien sea a través de su vestimenta, símbolos emblemáticos, o valores diferenciales influye decisivamente en sus miembros. Estas personas pueden buscar el reconocimiento propio, una imagen positiva de sí mismos mediante esa identidad social, con toda la problemática que ello puede comportar en entornos problemáticos. Podemos poner muchos ejemplos. El caso de la desgraciadamente célebre Orden de Orange, una fraternidad ultra-protestante dedicada a la celebración de la victoria del rey Guillermo de Orange sobre Irlanda en el siglo XVII y que cada año congrega una manifestación por los barrios católicos de Belfast. El caso de las bandas juveniles urbanas es otra situación similar en todo el mundo. A nivel afectivo, las bandas usan los conflictos sociales y prometen una unidad y cobijo a sus miembros como contrapartida de una seguridad y respeto.

Los efectos positivos de una buena autoestima en las personas adultas son múltiples. En primer lugar afecta a nuestro estado de salud, nos ayuda a encontrarnos mejor y a superar las enfermedades. En segundo lugar, es un escudo protector frente a las dificultades y contratiempos de la vida. En tercer lugar nos proporciona la confianza en nuestras propias capacidades para desarrollar nuestro trabajo, y nos impulsa hacia delante, hacia el futuro. Y por último, nos facilita la relación con el prójimo, basado en el respeto y aprecio hacia nosotros mismos.

La vida interior

El mundo interno de cada uno es aquello que llevamos siempre con nosotros, único, propio, y singular. Es el espacio interior reflexivo, que conocen bien los pensadores por ser su lugar de refugio. Es lo que somos cuando estamos solos. Es el único apoyo que nos queda cuando no hay nada donde agarrarnos. Tiene un valor fundamental. Los testimonios de las personas que han sufrido las peores situaciones de adversidad y se han encontrado aisladas, sin recursos, ni apoyo, y han podido salir para contarlo, nos dan la solución a la cuestión. ¿Cómo se sobrevive cuando no nos queda nada? Boris Cyrulnik cuenta lo siguiente:

> Cuando a Sidney Stewart, joven combatiente de la guerra del Pacífico, lo capturaron los japone-

> ses »en el infierno de la jungla de Filipinas, le sorprendió ver que eran los futbolistas americanos más musculosos los que primero caían. Superman no puede vivir sino en un ambiente confortable. Para entrenarse tiene que dormir bien, comer bien, tomar sus vitaminas y no pensar sino en eso. En un contexto en el que la violencia inaudita de la lluvia, el calor, los animales y los hombres participan en un concurso de crueldad, el que mejor resiste es el que logra refugiarse en su mundo interior. Los poetas se convierten entonces en superhombres. Se arrellanan, bien resguardados, en un mundo inmaterial donde se relacionan con artistas, filósofos, místicos y con todos aquellos que logran habitar dentro de la trascendencia. Se delectan con el asombro de sobrevivir y están ávidos de preguntas. Así escapan de la crueldad de un lugar, llegan incluso a experimentar grandes sensaciones de belleza provocadas por sus representaciones íntimas, mientras que alrededor de ellos lo real es atroz».

En el mundo ajetreado de hoy en día se olvida este término tan profundo. En general nuestra vida, nuestra actividad, nuestro trabajo, nuestro ocio, están marcados por una fuerza expansiva, hacia fuera. Observemos los motivos habituales de conversación que tenemos. Hablamos de lo que nos ha pasado, de lo que nos han dicho, de lo que hemos visto. Espectadores pasivos de hechos externos. Los temas no rondan sobre sentimientos o emociones internas. No solemos hablar de cosas sensibles, salvo en momentos puntuales. Ni de las cavilaciones filosóficas que tengamos. Son temas de diálogo casi exóticos en nuestra cultura del día a día. Hablamos de política, de la sociedad, de la globalidad, de los sucesos, de los deportes, pero no de nuestras dudas, imaginaciones, fantasías, o pequeñas tribulaciones. Menos aún de las vivencias interiores, salvo en tertulias especiales. La vida interior es la gran compañera olvidada. Hay que cultivarla, cuidarla, hacer que crezca y dé sus frutos. No nos arrepentiremos. Todas las sabidurías, las tradiciones de todas las épocas, sean religiosas o no, nos hablan de la necesidad de buscar y crecer en ese espacio interior. Hay muchos medios para lograrlo. No cuesta nada, desde la pura y simple reflexión racional hasta la contemplación intensa.

> Busquemos un espacio interno de reflexión en nuestro ser.

Empecemos por nosotros mismos. ¿Acaso no tendríamos que conocernos a fondo? Si creemos que es así, no nos costará nada, y si en cambio tenemos dudas, es el momento de disiparlas. Repasemos a fondo nuestra vida, nuestra historia personal. Con total sinceridad. Es habitual que lo primero que nos vengan a la cabeza sean los hechos que nos han causado una profunda emoción. La memoria suele ser selectiva. Fijémonos en los años de la infancia. Son muchos años y es posible que de entrada no lo recordemos todo. Pero si dedicamos unos minutos a rememorarla, cada día, durante un mes, por ejemplo, veremos que en realidad nos acordaremos de muchas más cosas de las que creemos. Tal vez de un amigo o amiga que hace tiempo que no vemos, de las clases y pupitres, del color de las paredes del colegio, de lo que hacíamos al salir. Habrá muchas cosas que saldrán a nuestra luz interna, forman parte de nosotros mismos. Es nuestra vida interior. Es un ejercicio muy sencillo. Nos puede acompañar el resto de la vida. En nuestros momentos de soledad, de aislamiento, nos servirá para llenar el tiempo. Es bueno que lo continuemos, con otras etapas, la adolescencia, el aprendizaje, el trabajo, que intentemos recordar desde una postura ecuánime, los pequeños detalles que teníamos olvidados. Revivir para ser más felices. Más adelante podremos extenderlo a muchas más cosas y facetas de la vida, pero este es el mejor método para empezar. Para sentar las bases de una vida interior, profunda y reflexiva.

En esa descripción profunda, cruda, dura, terrible y triste sobre la naturaleza humana y el Holocausto que hace Viktor Frankl nos hace preguntarnos, ¿hasta qué punto puede la inteligencia dejarse arrastrar por la crueldad y la opresión? Dice lo siguiente :

> A pesar del primitivismo físico y mental imperantes a la fuerza, en la vida del campo de concentración aún era posible desarrollar una profunda vida espiritual. No cabe duda que las personas sensibles acostumbradas a una vida intelectual rica sufrieron muchísimo (su constitución era a menudo endeble), pero el daño causado a su ser íntimo fue menor: eran capaces de aislarse del terrible entorno retrotrayéndose a una vida de

> riqueza interior y libertad espiritual. Sólo de esta forma puede uno explicarse la paradoja aparente de que algunos prisioneros, a menudo los menos fornidos, parecían soportar mejor la vida del campo que los de naturaleza más robusta.

La profesora Marta Allué recoge otros muchos ejemplos. Primo Levi recurre a la observación y curiosidad de su mente científica para sobrevivir al Holocausto. Jacobo Timerman, periodista que sufrió las torturas y la cárcel de la dictadura militar argentina, imaginaba la librería que tendría en Israel al salir de la prisión, y creaba diarios imaginarios confeccionados por él. Dos secuestrados por bandas terroristas, Jan Phillipp Reemtsma y Julio Iglesias Zamora, que permanecieron encerrados en zulos por diferentes organizaciones terroristas, recreaban con su imaginación rutas y escenas muy precisas a diario. Christian Chernot, periodista francés secuestrado en Irak, se entretenía repasando discos en la cabeza e imaginando opíparas comidas. También encontró mucho consuelo en la oración. Viktor Frankl también explica cómo era capar de aislarse manteniendo conversaciones mentales con su mujer. Dice:

> Pero mi mente se aferraba a la imagen de mi mujer, a quien vislumbraba con extraña precisión. La oía contestarme, la veía sonriéndome con su mirada franca y cordial. Real o no, su mirada era más luminosa que el sol del amanecer. Un pensamiento me petrificó: por primera vez en mi vida comprendí la verdad vertida en las canciones de tantos poetas y proclamada en

> la sabiduría definitiva de tantos pensadores. La verdad de que el amor es la meta última y más alta a que puede aspirar el hombre.

Viktor Frankl, considera que cada persona tiene tres dimensiones. Por un lado, la física o biológica, por otro la psíquica, y una tercera que es la espiritual o noológica. En esta dimensión sitúa facultades como la libertad, la voluntad, y la realización del sentido de la vida, del que antes hablábamos. Es el núcleo de la esencia humana. Pero el hombre es una unidad de las tres, no se pueden desarrollar una sin las otras, por lo que el lugar en el mundo, su implicación activa en la realidad que lo envuelve depende de esa triple dimensión. La falta de la voluntad sentido, muy condicionada por la sociedad actual, lleva al hombre, según este autor, a un vacío existencial, a una falta de realizaciones. El hombre es esencialmente libre como resultado de esa dimensión. Es capaz de distanciarse de los condicionamientos biológicos, psíquicos y del entorno, de los sociales. También señala la idea de autotrascendencia, la esencia de la existencia humana, por la cual el hombre es libre de transformar el mundo en unión a los demás. Eso fundamenta la libertad: «La libertad de la persona no es sólo una libertad de carácter, sino también una libertad para la personalidad. Es libertad para la facticidad y libertad para la propia existencialidad. Es libertad para el modo de ser y libertad de otro modo».

Por otra parte, este aislamiento, este recogimiento, constituye una de las formas sencillas de lo que los monjes budistas y otras tradiciones entienden como meditación, recogimiento. Estar a solas con un mismo, observando.

No es una práctica estricta de la esfera religiosa, de monjes o anacoretas, los filósofos, pensadores, escritores, de todos los tiempos, también la han practicado. El conocido pensador y filósofo Isaiah Berlin desde una esfera social y política también se refiere a esta misma idea:

> El tirano me amenaza con la destrucción de mis propiedades, con la prisión, con el exilio o con la muerte de aquellos a quienes quiero. Pero si ya no me siento ligado a ninguna propiedad ni me importa estar o no en la cárcel, y si he matado en mí mismo mis afectos naturales, ya no puede dominarme, pues todo lo que ha quedado de mí ya no es sujeto de miedos o deseos empíricos. Es como si hubiera efectuado una retirada estratégica a una ciudadela interior –mi razón, mi alma, mi yo «nouménico»– que no pueden tocar, hagan lo que hagan, ni las ciegas fuerzas exteriores ni la malicia humana. Me he retirado a mí mismo; ahí y sólo ahí, estoy seguro.

Esta capacidad de interiorización, de retirada a la ciudadela interna, o al yo interior como dicen otros autores, lo que las tradiciones y los filósofos antiguos nos señalaban, es una vía que nos lleva a ser libres de una forma diferente, dichosa y plena. Eso nos lleva a preguntarnos si realmente experimentamos en todo lo que hacemos esa sensación de libertad. Cuando vivimos la integración mente y cuerpo de verdad, sentimos que obramos de forma autónoma y libre. Nuestras ideas, inquietudes y afanes van al unísono con las actividades, acciones y esfuerzos. El organismo no se divide, no pensamos que tenemos que comer o beber menos, y en cambio hacemos lo contrario. Hacemos lo que queremos hacer y no deseamos hacer otra cosa. Porque vibran en el mismo tono lo físico y lo mental. No somos esclavos de ideas o imágenes pasajeras, de opiniones ajenas, o de impresiones subjetivas. La felicidad, la fuerza, reside en nuestro interior, y no viene condicionada por las circunstancias externas. Por eso hemos de activar nuestra vida interior, para que la dicha no se separe de nosotros, ni tan siquiera en los momentos más difíciles. Esa fuerza se forja día a día, es una actitud vital. Nos implica en cada momento, en el presente. Nos impulsa a vivir la vida con plenitud, con sensibilidad, con plena conciencia de todo lo que hacemos y también de todo lo que nos rodea.

Sonreír a la vida

El sentido del humor es un aspecto básico de la salud, como hemos visto antes. Tiene un efecto directo sobre el estado físico y además mejora la autoestima. Como valor tiene un efecto liberador. Da voz al pensamiento inclasificable pero lleno de sabiduría, a las paradojas incomprensibles de la vida, a las frustrantes contradicciones del ser humano. Y así transforma la inquietud en consuelo, la amargura en ternura, y disminuye la sensación de dolor.

El humor sirve para establecer buenas relaciones, en cualquier lugar del mundo y con independencia del lenguaje. La sonrisa es universal. Forma parte de las expresiones faciales más humanas que existen. Sonreír nos transmite sosiego y alegría. Una sonrisa cambia el rostro de una persona, la relaja por fuera y también por dentro. Al sonreír transmitimos buenas sensaciones, nos llenamos de energía y nuestra autoestima se fortalece. Una sonrisa no sólo nos cambia a nosotros, cambia nuestro alrededor. Si al hablar sonreímos o lo hace nuestro interlocutor mientras nos habla recibimos y damos múltiples sentimientos positivos, llenos de una sensación enriquecedora. Es una forma de dar un contenido no verbal al mensaje. Daniel Goleman menciona un incidente en la segunda guerra de Irak, cuando un grupo de soldados americanos, armados hasta los dientes, se dirigió a la mezquita local para recabar su apoyo. El gesto fue malinterpretado por una multitud de fieles que rodearon la iglesia con ánimo agresivo. Pero el oficial que mandaba el pelotón, en un gesto sorprendente, ordenó a sus hombres, poner la rodilla en el suelo, dirigir el arma hacia abajo y sonreír. Esta reacción, no sólo calmó a los fieles, sino que resolvió la situación del modo adecuado. La sonrisa fue clave.

Un sentido del humor positivo aumenta el goce de cualquier actividad que realicemos. En el trabajo es fundamental. Trabajar en un ambiente agradable reduce las reticencias, incrementa la disponibilidad, abre la comunicación, aumenta la sensación personal de pertenencia, y se puede utilizar como medio de evitar el conflicto o la confrontación dentro del grupo. Los talleres de risoterapia se hallan cada vez más implantados en todos los lugares. Los beneficios de los mismos son muchos, como comentan los asistentes, sensaciones y estados de alegría, bienestar y satisfacción; en especial la reducción del estrés, el mal oculto de nuestros días y sociedades. Pero también se atribuyen otros beneficios como mayor tolerancia al dolor, mejora de las defensas y el sistema cardiovascular, y por supuesto lo que afectan a las relaciones sociales, mejoras en la motivación y la comunicación. La Asociación Americana para el Humor Terapeútico, creada para que los profesionales de la salud puedan formarse y evaluar el uso del humor en la práctica, promueve desde tiempo el avance, conocimiento y comprensión del humor y la risa referidos a los aspectos curativos y generadores de bienestar. Esta asociación también promueve una conferencia anual para exponer los resultados de las investigaciones más actuales, y organiza seminarios y cursos desde distintas universidades para transmitir aspectos teóricos y prácticos acerca del sentido del humor. Otras asociaciones como Payasos sin Fronteras, Fundación Teodora, La Sonrisa Médica, Pallasos d'Hospital y otras muchas se dedican a mejorar el bienestar de niños, sus familias y cuidadores, tanto en zonas de guerra o deprimidas, como en hospitales. Una iniciativa que por fortuna se ha extendido por doquier. Diversos consultores y profesionales de la salud o practicantes de terapias alternativas ofrecen sesiones de risoterapia en las empresas y grupos de trabajo.

Una situación con tintes dramáticos puede cambiar a distendida haciendo uso del comentario relajado y oportuno, incluso en la peor de las tragedias. Recordemos la frase que inmortalizó Tom Hanks en la película sobre el accidente de la nave espacial Apolo XXIII, y que fue pronunciada en realidad por el astronauta Jack Swigert:

«Houston, tenemos un problema». Era una situación dramática, el 13 de abril de 1970 los tres astronautas de la nave, dos días después del despegue, se vieron forzados a abandonar los planes de la NASA de lograr el tercer alunizaje tripulado, ya que habían explotados los tanques de oxígeno a miles de kilómetros de la Tierra, solos en medio del espacio. Lograron salir adelante con su coraje y el ingenio de los técnicos que pensaron en un plan alternativo.

Citemos de nuevo a Viktor Frankl:

> El humor es otra de las armas con las que el alma lucha por su supervivencia. Es bien sabido que, en la existencia humana, el humor puede proporcionar el distanciamiento necesario para sobreponerse a cualquier situación, aunque no sea más que por unos segundos. Yo mismo entrené a un amigo mío que trabajaba a mi lado en la obra para que desarrollara su sentido del humor. Le sugería que debíamos hacernos la solemne promesa de que cada día inventaríamos una historia divertida sobre algún incidente que pudiera suceder al día siguiente de nuestra liberación.

Si nos llama la atención esta opinión, recordemos las películas *La Vida es Bella* de Robert Begnini, o la de Charlie Chaplin, *El gran dictador*, que relacionan la terrible tragedia del pueblo judío en el Holocausto con un profundo sentido del humor. No se trata de una perspectiva trivial, ni mucho menos. Podemos dar cuatro características de este tipo de humor que muestran su soporte sensato, por un lado la presentación de la imagen de los agresores descontextualizada, por otro la actitud transgresora de toda profunda crítica social, después una percepción muy sutil de la realidad, llena de matices y por último una ridiculización del poder, en su faceta más absurda.

El humor puede convertir un fracaso en victoria. Desdra-matiza las circunstancias, por terribles que nos puedan parecer. En este sentido muchos pueblos han desarrollado su propio humor cuando han sido víctimas de dictaduras. Es el caso del pueblo ruso, bajo la dictadura estalinista, o el del pueblo español bajo la dictadura franquista, o el de los pueblos sudamericanos, bajo las dictaduras militares, como el argentino y el chileno. Esta reacción hace más llevadera la situación, como han comentado muchos pensadores, y fortalece los vínculos sociales de resistencia entre los grupos y comunidades, ante la falta de libertades. Ya se ha señalado por parte de algunos pensadores, como por el filósofo alemán Nietzsche, que con su filosofía corrosiva fue uno de los que analizaron ese potencial, esa capacidad de subversión de la risa. Cuando Nietzsche dice: «Zaratustra, el que dice verdad, *Zaratustra, el que ríe verdad*» está mostrando la relación entre la risa y la construcción del conocimiento. También dice:

> Debes reír diez veces durante el día, y estar alegre; de otro modo, tu estómago, el padre de todas las aflicciones, te disturbará en la noche.

Para Nietzsche, la crueldad de la cultura es enmascarar el poder y ponerle otras ropas que disimulen su dominio. Por ello, la manera de subvertir la realidad mediada por las verdades dominantes de la ciencia y la moral se consigue a través de una crítica radical por la risa. Los antiguos griegos también se dieron cuenta del valor de la risa. Así, el gran filósofo Aristóteles dijo que la risa era un rasgo propio del hombre. El primer manuscrito que puede ser considerado una colección de chistes, está datado en el siglo III, y donde ya aparecen los típicos objetos de burla de todos los tiempos. Ha habido épocas y sociedades que han valorado el humor, por ejemplo en la sociedad inglesa del siglo XIX para un caballero era símbolo de distinción social. Recordemos el famoso «humor inglés» que llegó a constituir un valor diferencial. En las tradiciones artísticas de Oriente se representa al Buda con una plácida sonrisa, y a los maestros enseñando, en algunos cuadros, riendo a carcajadas. En la tradición del yoga, uno de los ocho preceptos morales más importantes es Santosha, el deber de cultivar una actitud lúdica y alegre. Y viceversa, un pueblo con una larga tradición dedicada al bullicio y a la diversión, el francés, fue obligado en la época más dura de la Revolución a prescindir de este valor, so pena de muerte. Porque asociar risa y denigración de la desviación social también ha sido señalado como un argumento en contra del humor y puesto de relieve por algunos filósofos y pensadores. Reírnos de los defectos de los otros o utilizar a otros grupos sociales, son los ejemplos típicos. Pero el valor del humor radica en el disparate, en la relación excéntrica, sin sentido entre dos conceptos, la salida oportuna...

> Alcaide: Me acaba de comunicar el señor juez que su ejecución tendrá lugar el próximo lunes.
> Reo: ¡Pues sí que empieza bien la semana!

Cuanto más sentido del humor tengamos, más nos harán reír las paradojas. Es como si desarrolláramos una comprensión mejor de las situaciones absurdas de la vida. Se dice que los niños pequeños ríen del orden de 300 veces al día. Sus principales ocupaciones son el juego, bajo la imaginación y creatividad constantes, la curiosidad y el descubrimiento, y el contacto con la satisfacción de los demás, padres, abuelos, hermanos. En cambio un adulto suele reír mucho menos, desde 100 a 10 veces al día. Las causas son exactamente las opuestas a las de los niños. Los juegos, disminuyen o no existen, y el resto de capacidades también; y en cambio tienen más contacto con la insatisfacción de los demás, el estrés, las prisas, los problemas. Las carcajadas estimulan la segregación de endorfinas, las llamadas «hormonas de la felicidad». Éstas, al igual que las encefalinas, son unas substancias parecidas a la morfina. Las produce nuestro organismo y su función principal es analgésica, es decir disminuir el efecto del dolor, pero sin los efectos nocivos que puede tener ese producto si se administra desde afuera. Se descubrieron a principios de los años setenta, llamando enseguida la atención de los científicos. La función y el porqué las producimos son objeto de la investigación científica, pero sin duda sus efectos benéficos son incuestionables. Por eso se las ha llamado «las drogas de la felicidad». Cada día se acumula más evidencia científica a favor del potencial que tienen por ejemplo para defendernos del estrés y en la modulación del dolor. Pero también están asociadas a la risa, y a la risoterapia, y por tanto es incuestionable que reír a menudo nos debe proporcionar una mejor calidad de vida.

Busquemos el lado divertido de las cosas

Freud en su libro, *El chiste y su relación con el inconsciente*, habló del humor y la risa como una forma de alivio o liberación, dentro del marco de su concepto del psicoanálisis. Se trata de un texto muy leído y editado, aunque ahora queda relegado a su valor histórico. Según él, es una forma de manifestar impulsos inconscientes, de tipo sexual o agresivo, que la sociedad exigía reprimir. Pero la válvula de escape que el ser humano necesita para desahogar esos deseos oprimidos es el chiste. A fin de cuentas la sociedad lo considera un chiste, aunque solo sea de mal gusto y quede en eso.

Ese humor social como dice Borys Cyrulnik en *Los patitos feos* es un ingrediente imprescindible de la resiliencia:

> Necesitamos de otra persona para representar una comedia. Necesitamos interlocutores que nos den la réplica, y espectadores que hagan válidos nuestros esfuerzos. Cuando las figuras de vínculo no desaniman a los niños se constata que los bebés que conocen el humor son los mismos que, más adelante, se convertirán en los jóvenes con mayor capacidad creativa y los que más se divertirán con la aparición de acontecimientos insólitos.

Implantar el sentido del humor en nuestras vidas implica que hemos de aprender a reírnos de nosotros mismos. Primero porque es una forma de aprender a mejorarnos. Segundo porque nos libera del autoengaño sobre la propia personalidad. Tercero nos facilita las relaciones interpersonales. Y cuarto nos abre un amplio sentido de la tolerancia, relativiza las posturas, las hace menos intransigentes, más flexibles. Las personas atadas en sus esquemas, aferradas a sus creencias e ideas, con actitudes inamovibles, suelen ser poco permeables a las críticas. Es el germen para la intolerancia, para la incomprensión, que empiezan dentro de nosotros. Viejos ídolos que hay que derribar. Una vida plena y sana debe de contemplar la imperfección del espíritu humano. Una persona sola está incompleta. Necesitamos a los demás para crecer, para aprender, para llegar a ser nosotros mismos, aunque parezca un contrasentido. Pensar que somos autosuficientes, en especial en los principios que rigen nuestra vida, es una equivocación. La forma de salir del atolladero es saber reírnos de nosotros.

- Hemos de sonreír a la vida siempre. Incorporemos la sonrisa interna a nuestra vida.

- Intentemos reír cada vez que podamos. En cada momento, en cada ocasión, nos dará satisfacción y ánimos.

- Hagamos sonreír o reír a los demás cada vez que queramos. Manifestaremos nuestro amor hacia ellos.

Optimismo y espiritualidad

El filósofo, escritor y pensador Ralph W. Trine, integrante de la corriente llamada Nuevo Pensamiento, en su inspirador libro, *En armonía con el infinito*, decía en 1897:

- El optimista ve las cosas íntegramente en sus verdaderas y exactas relaciones; el pesimista las mira desde un mezquino y unilateral punto de vista. La inteligencia del primero está iluminada por la sabiduría; la del segundo, entenebrecida por la ignorancia. Ambos edifican su mundo interno según el plan de sus miras respectivas.

- El optimista, con intención y conocimiento superiores, fabrica su propia dicha, y en el grado en que la fabrica, coopera además a fabricar la del mundo entero. El pesimista, por vicio de sus limitaciones, fabrica su propia desdicha, y en el grado en que la fabrica, coopera además a la desdicha de todo el linaje humano.

- En cada uno de nosotros predominan las características del pesimista o del optimista. Hora por hora estamos forjando nuestra propia dicha o nuestra propia desgracia, y en el grado en que forjaremos una u otra cooperaremos a forjarlas también para todo el mundo.

Estas fecundas palabras podrían estar sacadas de cualquier libro sobre psicología positiva, con otro lenguaje, pero con el mismo fondo. A pesar de haberse escrito hace más de un siglo, son perfectamente actuales. Martin Seligman, considerado como hemos comentado, el iniciador de la psicología positiva sostiene en la misma línea que el pesimismo es un estilo de pensamiento caracterizado por la explicación que la persona se hace de la adversidad como algo permanente universal y personal. Esta forma de pensamiento lleva a la indefensión y a la desesperanza. No podemos estar más de acuerdo. Una persona presa del pesimismo disminuye su resiliencia. En cambio el estilo optimista de pensamiento explica la adversidad como transitoria, concreta y externa a la persona. Esto permite mantener viva la esperanza, ya que el cambio entra dentro de lo posible. La esperanza hace que la persona esté dispuesta a ponerse en pie, a continuar esforzándose, a buscar alternativas y a persistir frente a la adversidad. En una palabra, a ser más resiliente.

Pesimismo y optimismo son dos enfoques personales de una misma situación. En el primer caso nuestro interés se centra sobre todo en las dificultades, en los problemas, en los inconvenientes, y dejarse dominar por ellos. Ese es el punto clave. Tiramos la toalla antes de hacer algo, o bien lo iniciamos con poco entusiasmo. Si aplicamos en cambio el punto de vista optimista también vemos los mismos impedimentos, pero a la vez, ya estamos pensando en cómo solventarlos. Y no nos dejamos vencer de antemano. Esa es la diferencia. El ejemplo del deporte es el más claro. Si un equipo se considera inferior a otro antes de empezar el partido, lo más seguro es que acabe perdiendo. En cambio si no lo hace así, y se considera igual o mejor, es cuando puede superarlos. Hay muchos ejemplos en todos los deportes de esas victorias inesperadas, que a priori parecían imposibles. Por nuestra mente siempre afloran los recuerdos de fracasos anteriores. Si somos pesimistas, lo más probable es que no nos los quitemos de encima; en cambio si somos optimistas, aparecerán pero sólo de manera fugaz. Ser optimista no implica caer en la ingenuidad. Podemos tener la ilusión de crear y empezar un nuevo proyecto, bien sea un negocio, aprender cosas nuevas, buscar un nuevo trabajo, hacer un viaje especial, cambiar de casa, creyendo y conociendo nuestras posibilidades. Y tener el empeño en lograrlo. Un estudiante, por muy inteligente que sea, deberá apretar los codos si quiere aprobar, todos los padres lo sabemos por experiencia propia. Ilusión y esfuerzo, aunque a veces la situación social sea poco conveniente. Hoy en día cunde el pesimismo por la crisis económica, pero ¿cuándo ha sido fácil iniciar un nuevo negocio, o encontrar un buen trabajo? Es cierto que ahora es más difícil, pero siempre hemos de creer que no es imposible. Quizás más prudentes, pero no derrotistas. Caer en el desaliento puede ser muy perjudicial para nuestra vida y salud. Podemos tener momentos de frustración, pero el optimismo y el pensamiento positivo nos tienen que ayudar a vencerlos.

> Combatamos las ideas negativas que crucen por la mente con un optimismo tenaz.

El optimismo y el pesimismo se contagian. En una familia, en una asociación, en una empresa prenden fácilmente si alguno de sus miembros lo manifiesta, los demás se apegan con facilidad. Y viceversa, si en un grupo de personas hay optimismo, propicia que sus miembros sean más felices, y puedan superar los momentos malos. Si tenemos un grupo de amigos con los que nos encontramos bien, nos servirá apoyo, como nos habrá pasado en la adolescencia, o en otra edad en la que buscábamos el afecto común.

También se dice que el optimismo se proyecta hacia el futuro, y el pesimismo hacia el pasado. Luis Rojas Marcos afirma que «el talante optimista se potencia de dos formas, alimentando estados emocionales gratificantes en el día a día, y fomentando estilos positivos de pensar y enjuiciar las cosas que nos afectan». Por eso técnicas tan antiguas como el yoga, nos invitan a centrarnos en la respiración, en el cuerpo y en la mente, en el momento presente. Estar en lo que hacemos, en el ahora, alimenta el optimismo vital. Un estudio interesante se llevó a cabo en Israel por el profesor Barak de la Universidad de Tel Aviv. En concreto se trataba de realizar talleres de psicología positiva con 120 personas afectadas de esclerosis múltiple, una afección que causa una discapacidad progresiva. Como hemos señalado, esta rama de la psicología estudia las bases del bienestar psicológico y de la felicidad, así como de las fortalezas y virtudes humanas; en lugar del estudio de los aspectos negativos y patológicos del ser humano, característico de la psicología anterior. Aspectos positivos de nuestra mente, como la creatividad, las diversas inteligencias, como la emocional, el humor, la sabiduría, la felicidad o la resiliencia son algunos de los objetos de investigación de la psicología positiva. Los primeros resultados obtenidos de estos talleres indican que la psicología positiva mejoró los niveles de felicidad de los participantes en un 30%. Este trabajo, según Barak, busca desarrollar «intervenciones y prácticas orientadas a investigar las aplicaciones de la psicología a la medicina». El estudio de los efectos físicos derivados del estado mental de pacientes con trastornos neurológicos es un intento de tender puentes entre la psicología y la medicina clínica. Los beneficios psicológicos de los programas de psicología positiva van acompañados por beneficios físicos. El científico afirma que «hemos sido capaces de elevar los niveles de felicidad de estos pacientes, y también hemos podido demostrar que este hecho ha provocado una estabilización en su trastorno neurológico». Una noticia muy esperanzadora.

El optimismo y la espiritualidad están relacionados. El concepto de inteligencia espiritual es más amplio que el de religiosidad o creencia religiosa, con el que tiene bastante relación. Hoy en día se considera que disponemos de múltiples inteligencias. Idea que introdujo Howard Gardner en una obra muy conocida. Precisamente se refirió a la inteligencia espiritual, inteligencia existencial o transcendente y la definió como «la capacidad para situarse a sí mismo con respecto al cosmos, como la capacidad de situarse a sí mismo con respecto a los rasgos existenciales de la conducta humana como el significado de la vida, el significado de la muerte, el destino final del mundo físico y psicológico o en profundas experiencias como el amor a una persona o la inmersión en un trabajo creativo». La respuesta personal a estas cuestiones nos proporciona beneficios importantes, como equilibrio, salud y felicidad. Se trata de una de las fortalezas humanas. El punto interesante es que esta forma de inteligencia nos aporta grandes recursos para enfrentarnos a las adversidades de la vida.

> En el año 2003 se realizó un estudio psicológico en la ciudad de Medellín, Colombia, para analizar la resiliencia, espiritualidad, aflicción y tácticas de resolución de conflictos en mujeres maltratadas. Se publicó en la revista de salud pública colombiana en el año 2005. Fue llevada a cabo con 199 mujeres que habían presentado denuncias de maltrato y violencia doméstica en los diversos centros de familia de la ciudad, con edades comprendidas entre 16 y 72 años. Todas o casi todas presentaban un estado de violencia psicológica, y la mitad se hallaban bajo el síndrome del estrés postraumático. Se trata de un trastorno grave que puede provocar no sólo daños psicológicos sino daños físicos, que incluso puede derivar en crónico. Casi todas las entrevistadas manifestaron tener alguna creencia o afiliación religiosa, católica u otra religión cristiana, que éstas eran parte importante de sus vidas. El objetivo de las mismas era determinar la relación entre resiliencia y espiritualidad en las mujeres maltratadas, con la aflicción, la frecuencia e intensidad del maltrato y de las lesiones recibidas. Para ello se utilizaron diversas escalas de valoración, y análisis estadísticos. La investigación reveló que aquellas mujeres con

> una convicción religiosa, un sentido de espiritualidad fuerte, un trabajo y un mayor nivel educativo resultaron más resilientes. El estudio concluía que cuanto mayor era el nivel de resiliencia mejor se soportaba el estrés asociado al maltrato. Sugería que la alta coincidencia entre la espiritualidad y la resiliencia deberían potenciar acciones y recursos sociales para ayudar a superar esta adversidad a las personas afectadas. El artículo indicado está accesible por Internet, y se puede comprobar el método seguido por sus autores.

Las personas con convicciones religiosas tienen una base en la que forjar su resliencia. No es nada nuevo, porque tradicionalmente las comunidades religiosas han acogido a sus miembros en la adversidad. Como hemos visto antes, el apoyo social es fundamental para potenciar los valores resilientes, y poder superar las crisis. El consuelo derivado de la fuerza espiritual es un medio para ayudar a superar las dificultades y vicisitudes de la vida. La experiencia de las religiones, de todas las religiones, lo demuestra. Dice Alexis Carrel, en la *Incógnita del hombre*, que «la vida moderna se encuentra en oposición a la vida del espíritu». Hemos olvidado este importante mecanismo protector interno. La inteligencia espiritual nos proporciona una mayor capacidad para afrontar el dolor y el sufrimiento. Está lejos del concepto de resignación, que se puede asociar a pesimismo. Es aceptación y optimismo, comprensión de la realidad, afrontarla, y asumirla en positivo. Esta forma de asumir la adversidad la transforma a nuestro favor.

El desarrollo de la inteligencia espiritual proporciona dos fortalezas más. Se trata de la fuerza de la Fe y la fuerza del Perdón. En el caso de las personas creyentes es más evidente, pero también en los no creyentes. La primera constituye uno de los pilares internos más inquebrantables de que disponemos. Basta pensar en los mártires de todas las religiones, no sólo cristianos, que soportaron todo tipo de crueldades y sufrimientos, y que nunca renunciaron a sus creencias. La convicción en un Ser superior, o en una Vida transcendente en el caso de las religiones no teístas como el budismo, es el mayor bálsamo consolador, la principal solidez interna. La fe no sólo es capaz de mover montañas, de lograr lo imposible, sino de transformar el interior del hombre, de romper esclavitudes, de superar intolerancias; todas aquellas barreras humanas que suponen las verdaderas montañas de la separación entre los hombres. La fe en un Ideal obra de la misma manera. El altruismo, el servicio a la comunidad, la fidelidad a la verdad, son valores equivalentes a la fe para las personas no creyentes. La fuerza del Perdón es la expresión de la paz interior y del amor profundo. La capacidad de perdonar libera de las cargas opresivas del odio, rencor y de la ira. El perdón no implica transigir con comportamientos injustos, violentos o inhumanos. Como dice Tim Guénard, cuyo testimonio hemos citado, no puede aceptar el maltrato que le infligió su padre, pero al perdonarle venció el odio que le poseía, y ahora es libre de tratarle con amor. La venganza y el odio son sentimientos muy poderosos. Cuando poseen a una persona le dan energía para lograr sus propósitos. Causan tal ceguera emocional que pueden llegar a hacer cuestionarse a las personas poseídas si existen otro tipo de sentimientos u objetivos. El velo de oscuridad empieza a desaparecer al sembrar la semilla de la compasión. Al final fructifica en la capacidad de perdonar, y de repente se redescubren las vivencias emocionales olvidadas. El perdón, como dice Martin Luther King, debe ser una actitud permanente. La implantó en su vida, y demostró como puede eliminar el rencor en una comunidad afligida durantes siglos por la opresión y la esclavitud. Proporciona serenidad interior, mejora las relaciones humanas, libera del estrés e influye optimismo vital. Al aprender a perdonar también nos liberaremos de los sentimientos de culpa que albergamos dentro. Huellas de antiguos fracasos o equivocaciones, los errores que todos cometemos en la vida, una autocrítica mal entendida, o antiguos remordimientos no superados. Liberación que nos proyectará hacia el futuro, hacia nuevos horizontes con redoblado optimismo.

Controlar la propia vida

¿Cómo reaccionamos a los contratiempos? La vida está llena de imprevistos. Cada día, en cualquier época y circunstancia. Forman parte de la existencia. Los pequeños inconvenientes son motivo de conversación, de curiosidad, nos proporcionan cierta *vidilla*. Pero hay personas que ante el más mínimo tropiezo o dificultad se paralizan, se hunden en el desánimo. Por ejemplo cuando se encuentran frente a un retraso de los transportes públicos que les hace llegar tarde al trabajo, a una cita o a su casa, o en cuanto se ven pillados en un imprevisto atasco circulatorio; en otro extremo están los que se desmoralizan si su equipo de fútbol favorito, o de otro deporte pierde. Frente a este tipo de contrariedades, algunas personas se vienen abajo, y otras incluso transmiten su malhumor a las de su entorno, creando malestar. Saber reaccionar a esos trastornos nos puede ayudar a ser más felices. Es interesante que en estas circunstancias, cualquier persona puede cambiar su estado de ánimo aplicando a sus vidas pequeñas estrategias, como hacen las personas resilientes, que no son inmunes, pero que se adaptan a esas circunstancias externas. Tener buen humor, ser positivo, son ejemplos de adaptación, como luego veremos.

Los atascos circulatorios, o los problemas de transporte públicos, en los que a veces se conjugan los problemas, como huelgas de los operarios, averías u obras en las vías, son un buen ejemplo. Los ciudadanos suelen reaccionar con indignación, como es lógico, pero después hay que encontrar alternativas. Recuerdo un reportaje que realizó una televisión local, donde un joven explicaba como se había acostumbrado a madrugar, debido a esos problemas. Otro explicaba que se había planteado la situación como un juego, pensando itinerarios alternativos, calculando el mejor recorrido en función de la estación donde se viera obligado a parar o a cambiar. Y una persona que había decidido comprar una bicicleta plegable, para usarla como método rápido de cambio de medio de transporte, y en el caso de que no pudiera cargar con ella la dejaba amarrada en algún punto intermedio, para recuperarla a la vuelta. Son ejemplos de soluciones. El punto clave está en cómo se enfoca el problema. Verlo como un reto. Y hacerle frente.

> Hemos de ser capaces de controlar la propia vida a pesar de los sucesos externos

Otra idea interesante es la que nos transmite Jigoro Kano, el maestro japonés fundador del judo como deporte moderno. Hablaba siempre de flexibilidad. El ejemplo que ponía y que los sucesivos maestros suelen transmitir a los alumnos es el de las hierbas del campo. Éstas tienen una aparente fragilidad y debilidad, pero esa estructura es capaz de resistir los más violentos vendavales; mientras que los árboles recios, altos y firmes, no es extraño que acaben sucumbiendo y sean derribados por los temporales. El espíritu del judo está impregnado de flexibilidad y suavidad. De utilizar la fuerza del adversario en la defensa propia. Este principio podemos trasladarlo a nuestro comportamiento, a nuestra idiosincrasia. Si somos flexibles, tolerantes, adaptables, resilientes, sabremos plegarnos, doblarnos, esquivar los golpes de la vida, y remontar la situación.

> El huracán de la adversidad nos arrollará y agitará, pero no conseguirá derribarnos, y una vez pasado volveremos a ser nosotros mismos.

El desarrollo de las emociones positivas nos cambiará la vida. El conjunto de las emociones humanas es muy similar a un mar. Si hay una tormenta intensa, sus efectos pueden ser terribles, incontrolables, todo está desbordado, ha de pasar tiempo hasta que todo se calme. Si hay quietud total, la vida no es real, no tiene chispa. Lo mejor es que exista movimiento, agitación, circulación en su justa medida para que la vida prospere en un medio fértil e intenso, y si llega alguna tormenta, que sea leve y ligera. Implantar el pensamiento y emociones positivas nos ayudará a controlar la vida. Nos dará protección frente al estrés. Nos dará recursos físicos e intelectuales, y mejorará las relaciones humanas. Es un aspecto de la inteligencia emocional. Un concepto que ahora es muy popular y que inició Daniel Goleman. Consiste en captar, comprender y regular nuestras emociones, y como consecuencia entender a las de los demás. La IE, que es como se la conoce de manera abreviada, requiere un autocontrol de la conducta, requiere que nos observemos, nos autoobservemos, descubramos qué emociones nos dirigen y controlan. Y hacia los demás también, mediante la escucha activa, la atención y el contacto afectivo, mejoramos las relaciones, y ayudamos a los demás creando vínculos activos. La empatía va muy unida a la escucha activa, y tiene también mucho que ver con la flexibilidad y la tolerancia. Oír activamente a los demás implica estar pendientes de lo que nos dice, no de nuestras palabras. Forma parte de la comunicación honesta y positiva.

Para potenciar nuestras emociones positivas tales como la serenidad, la empatía, la solidaridad, la esperanza, la ternura, el arrebato, la tranquilidad, la ecuanimidad, el alivio, el optimismo, el regocijo, el amor, el cariño, el ánimo, la alegría, la satisfacción, el entusiasmo, la pasión, la seguridad o la valentía, lo que hemos de hacer es escoger un momento del día, y reflexionar sobre ellos. Anotar lo que sentimos cuando experimentamos el cariño por las personas que amamos, pensar cómo podemos manifestar mejor nuestro cariño, bien por palabras o acciones, e intentar tenerlo presente en nuestra mente. El listado de las emociones humanas es extenso, y algunas tienen muchos más matices. Lo importante es que las valoremos y que pensemos que todas ellas son susceptibles de pertenecer a nuestro bagaje emocional, y poco a poco las vayamos incorporando a nuestra forma de ser. Cuando experimentemos una emoción negativa, que nos va a suceder como ya decía el gran filósofo Aristóteles, habrá que contrarrestarla con una positiva. En el capítulo siguiente veremos diversas maneras de hacerlo. Si experimentamos nostalgia, impaciencia, melancolía, apatía, decepción, hastío, desconfianza, recelo, desidia o resignación, u otras más negativas como ira, rabia, odio, miedo, culpa, celos, ansiedad, resentimiento, envidia, hostilidad, humillación, angustia, inquietud, insatisfacción, irritación, frustración, tristeza, o pena, hemos de estar alerta, e intentar controlar la situación. Por ejemplo un sentimiento de culpabilidad lo podemos combatir, primero desgranando bien el sentimiento, y después racionalizarlo. Ante un «¡qué mal lo he hecho!», pensemos qué es lo que hemos hecho mal exactamente, si todo ha sido causa nuestra, si ha habido otros factores que han intervenido. Cuando más concretos seamos, el sentimiento se irá debilitando. Una vez hecho esto, intentemos discurrir si realmente fue así, si hicimos lo que pudimos, y si la próxima vez lo mejoraremos. Es decir, concretar, racionalizar y ser positivos. Un arte que conviene dominar.

A veces, podemos caer en una situación de estrés, enfado o alteración que nos puede perturbar bastante. En esos casos podemos retomar el control, usando técnicas respiratorias y de relajación. Aunque excede el objeto de este libro, vamos a ver una técnica de control respiratorio que proviene de la práctica pranayama del yoga. El objetivo de la misma es recuperar el control de uno mismo, siguiendo el flujo de la respiración. Cuando nos sintamos agitados, nerviosos, inquietos, primero observaremos la inspiración y espiración; después haremos un conteo mental mientras inspiramos, luego la retención del aire, y luego en la espiración haremos que el ritmo aumente progresivamente.

Veamos un ejemplo:

1. Inspirar contando hasta 3.
2. Aguantar la respiración y contar hasta 3.
3. Espirar contando hasta tres. Hacerlo dos veces seguidas.
4. En la tercera: Inspirar contando hasta 3.
5. Aguantar la respiración y contar hasta 3.
6. Espirar contando hasta cuatro. Hacerlo dos veces seguidas.
7. En la quinta: Inspirar contando hasta 3.
8. Aguantar la respiración y contar hasta 3.
9. Espirar contando hasta cinco. Hacerlo dos veces seguidas.

El conteo de las espiraciones podemos prolongarlo hasta llegar a 6, es decir el doble de inspiraciones, e incluso prolongarlo aún más. Es una cuestión de hábitos y prácticas; la base de partida puede ser cualquier conteo, tres, cuatro o cinco, que ya estará muy bien. Hay personas que la pueden prolongar mucho, pero no es nuestro propósito. Esta técnica respiratoria, unida a la relajación, nos puede ayudar a resolver una situación de estrés, de enfado, de irritación o de excitación. También la podemos usar para serenarnos en cualquier momento de la vida.

Compartir, dar, recibir

La resiliencia cada vez se utiliza más en diferentes esferas del pensamiento. Leonardo Boff, doctor en teología y filosofía, profesor de teología sistemática y ecuménica en Petróplis, Río de Janeiro, Brasil, y uno de los iniciadores de la *Teología de la Liberación* , fue uno de los personajes invitados en el III Congreso Extraordinario Proyectos y Utopías para un Mundo Mejor celebrado en el año 2007 en Madrid. Señaló que estamos afrontando una situación extrema como consecuencia del calentamiento global del planeta, una situación que nos lleva a vivir una época de urgencias porque la Tierra puede entrar en un estado caótico en cualquier momento, produciendo catástrofes inimaginables que afecten a la biosfera y diezmen la vida de millones de seres humanos. Introdujo el concepto de resiliencia en relación a todo lo que hace referencia a la globalidad. Según su opinión, los estudiosos nos atestiguan que para que seamos resilientes positivamente necesitamos ante todo cultivar un vínculo afectivo con la

Tierra. Se trata de cuidarla con comprensión, compasión y amor; aliviar sus dolores mediante el uso racional y moderado de sus recursos, renunciando a toda violencia contra sus ecosistemas. Por último indicó que los países del Norte deben poner en práctica una retirada sostenible de su afán de consumo, para que los del Sur puedan tener un desarrollo sostenible y en armonía con la comunidad de vida. La visión de Leonardo Boff es la de una resiliencia global. También existe en las comunidades y grupos sociales, y por supuesto en las familias. La resiliencia familiar se establecería en base a la cohesión y unión entre sus miembros, una comunicación sincera, y la afirmación de sus principios o creencias. Eso formaría el escudo protector, la resiliencia de una familia frente a las crisis, y frente a los problemas persistentes. La familia y el apoyo de los demás son fundamentales para superar los traumas graves. En el caso de los atentados del 11-M así los reconocían los afectados.

En Oriente Medio, debido al estado de conflicto permanente, se han realizado estudios psicológicos y sociales por parte de organizaciones e instituciones que también lo confirman. Citemos uno realizado por los profesores Golan Shahar de la Universidad Ben-Gurion del Néguev, en Israel, y Christopher Henrich de la Georgia State University de Estados Unidos, en 2007. Ambos sugerían que los adolescentes que han sufrido ataques terroristas pueden superar el trauma si reciben apoyo social. La investigación realizó un seguimiento de jóvenes estudiantes de la ciudad israelí de Sderot que se halla a un kilómetro de la franja de Gaza, y que desde la segunda intifada ha estado sometida a ataques continuos de cohetes Qassam durante siete años. Estos cohetes, creados por el movimiento extremista islámico Hamas, son de metal y están rellenos de explosivos y han sido lanzados regularmente desde esa área de Gaza, desde antes de la retirada de los asentamientos israelíes. El análisis se publicó en la revista especializada *Journal of the American Academy of Child & Adolescent Psychiatry*. Los autores explican que siguieron a 29 estudiantes de enseñanza secundaria, de entre 9 y 12 años, para tratar de averiguar si altos niveles de apoyo social servían para protegerlos de los efectos psicológicos adversos derivados de la exposición a los ataques con cohetes. Los resultados indicaron que realmente existe una interacción significativa entre el apoyo social y la depresión por la exposición a los ataques terroristas. Tal y como los expertos esperaban, los niveles altos de apoyo social redujeron el efecto de dichos ataques en el estado anímico de los que los padecieron. Los especialistas señalan por tanto la importancia de los esfuerzos que se puedan hacer desde la comunidad para apuntalar el trabajo de las escuelas, las familias y los grupos de iguales, verdaderas fuentes de protección en momentos traumáticos. Aunque la investigación se ha centrado en la experiencia del terrorismo en Israel, sus resultados pueden ser válidos para todos los países que sufren cualquier tipo de terrorismo.

Otra situación muy común es la aparición de una discapacidad prematura en un hogar. Hace que la vida de la familia cambie, y que sus miembros tengan que cambiar sus costumbres. Pensemos que cada vez hay más familias que se ven sometidas a la tensión derivada de esa situación. Gracias a los avances diagnósticos y médicos se ha conseguido aumentar las probabilidades de supervivencia en los bebés recién nacidos, que antes morían de forma prematura, y por tanto cada vez hay más casos de niños con alguna discapacidad. Para los padres supone un esfuerzo adicional el tener que dedicar el tiempo necesario para el cuidado de sus hijos, sacrificando buena parte de su vida profesional. Algunos se ven obligados a cambiar su ocupación, o simplemente dejarla. En una revista dedicada a las minusvalías, hablaba Fernando, padre de un niño aquejado de discapacidad. Se ha implicado tanto en el cuidado de su hijo que ha cambiado su turno de empleo para ocuparse de él, mientras la madre trabaja. Explica en una entrevista que «en estos meses, hemos crecido con él como padres y como personas. ¡Quién me iba a decir a mí, y además tan joven, que mi mayor ilusión iba a ser cuidar de mi pequeño! Esta experiencia te cambia la perspectiva de la vida. Yo antes era ambicioso y un poco materialista, y ahora he aprendido a relativizar tanto esas cosas». Fernando es un padre enamorado de su hijo, desde que lo vio rodeado de tubos y aparatos. No paraba de hacerle fotografías y de filmarle en vídeo mientras permanecía en la UVI. Y está encantado de mostrar esas imágenes a sus familiares y amigos.

> *El núcleo de la existencia es el compartir, el ir con los demás, acompañarles.*

En el caso de los hijos se presenta un dolor más agudo por la pérdida de un ser en la flor de la vida. Los valores resilientes contribuyen a que las familias sean capaces de superar esas situaciones. En un taller para familias, dentro del programa Resiliencia Infantil Oncológica (RIO) dirigido por los psicólogos María Montelongo y Jorge Montoya, durante 2006, con la participación de la Universidad Autónoma de México, se siguieron tres casos de jóvenes con edades de 14, 15 y 19 años en fase terminal. La actuación consistió en propiciar un espacio de diálogo entre los familiares de los adolescentes afectados por el cáncer. Buscar aspectos relacionados con una buena información y el tratamiento de las emociones que permitiera afrontar el diagnostico, el posterior tratamiento y después la pérdida del ser querido. Entre las familias afectadas se establecieron vínculos afectivos que sirvieron todos ellos pudieran aceptar las difíciles circunstancias que vivían. Un hecho destacable es que los jóvenes pidieron ser informados y poder decidir sobre su tratamiento, y lograron despedirse de sus seres queridos en un ambiente de afecto y emoción; lo que propició que los familiares pudieran afrontar el duelo.

Existen poco estudios sobre resiliencia en niños enfermos crónicos. Un porcentaje de población que cada vez es más elevado. En los que se han realizado, se ha podido comprobar que estos niños se adaptan de una manera superior a la que se esperaría en su situación. Si bien es cierto que una parte presenta desajustes emocionales y de conducta. Hoy en día, se empieza a aplicar la resiliencia pediátrica, con los niños afectados de enfermedades crónicas. Supone un cambio de perspectiva en el campo de la salud ya que se enfoca en el desarrollo positivo del niño. Aunque hay muchos tipos de dolencias que provocan diferentes grados de discapacidad, en su mayor parte son progresivas. Ello causa un deterioro físico importante, y además perjudican el desarrollo del niño, si además requiere de tratamientos dolorosos y largas hospitalizaciones. La implicación de las instituciones y organismos es fundamental para evitar esos retrasos. Por otra parte, los cambios corporales y el sufrimiento psíquico pueden generar sentimientos de inferioridad frente a las demás niños y compañeros, debido a que se sienten diferentes por causa de su dolencia, por lo que afecta a su autoconcepto y autoestima. Pero los estudios realizados hasta ahora demuestran que estos niños y jóvenes se desarrollan bien, y consiguen adaptarse a las circunstancias. La mayoría de los afectados demuestran capacidad de superación y adaptación positiva a la experiencia según los investigadores.

En el caso de los adolescentes, la aparición de una discapacidad en una edad compleja hace que desarrollen una extraordinaria madurez. Pablo, que en la actualidad ha acabado el bachillerato, es un ejemplo de resiliencia desde la cuna. A los 28 días de nacer le diagnosticaron que sólo tenía un ventrículo. Ha sufrido diversas intervenciones en su corta vida. Le han implantado siete marcapasos. A los 15 entró en quirófano para hacerle un trasplante de corazón e hígado. «Los problemas cardiacos — cuenta en una entrevista— me produjeron serias complicaciones hepáticas. Los médicos me daban sólo un año de vida si no me trasplantaba. Por suerte, respondí tan bien al trasplante de corazón que no hizo falta el de hígado.» El equipo de psicólogos que acudió en su ayuda, para prepararle mentalmente salió impresionado por la lección de fortaleza y serenidad que les dio este adolescente. «Yo ya estaba acostumbrado a frecuentes estancias hospitalarias. Mi enfermedad de nacimiento me obligaba a ello, pero al tiempo me daba una entereza que me sorprendía a mí mismo. Siempre tuve el apoyo de mi familia, que respetó todas las decisiones que yo tomaba, como la del trasplante», expresa Pablo. El primer año que siguió a esta intervención resultó duro, según relata. Aparecieron varias complicaciones, entre ellas el rechazo. Pero salió triunfante de todas. Con el tiempo ha conseguido una vida completamente normal y ha podido realizar el sueño de su infancia: jugar al fútbol en un equipo. Dice que la cardiopatía le ha condicionado su vida, porque no ha podido «hacer deporte, como otros niños, ni disfrutar de los parques de atracciones». Pero confiesa que le ha aportado muchos más beneficios: «Me ha hecho madurar y llevar una vida sana, alejada del tabaco, del alcohol, de la comida basura y de las juergas nocturnas. También me ha enseñado a no compadecerme y a asumir con paz que esto es para toda la vida». En el caso de Pablo, se entiende muy bien que la resiliencia es un proceso que acompaña a la persona durante su vida, y que la empuja a superarse.

Las asociaciones de personas afectadas por un problema común son de gran utilidad. Los gobiernos y administraciones deben facilitar y velar por su existencia. Hay muchos ejemplos de su utilidad: prestar información, reivindicar los derechos comunes, ofrecer acompañamiento psicológico y orientación, promover encuentros y foros de debate, etc. La resiliencia comunitaria en estos casos proporciona una autoestima colectiva, al sentir la unión de otras personas que no tienen reparos en hablar de su adversidad, sea enfermedad, maltrato u otra causa.

La solidaridad, la identidad propia que genera, e incluso el humor social refuerzan esos vínculos comunitarios. En el caso de las comunidades afectadas por desastres, el impulso común hacia la reconstrucción abre un camino, a veces improbable, pero que no se da fácilmente por vencido. Un recorrido sembrado de dificultades pero que conduce finalmente a la esperanza, como el ejemplo de comunidades resilientes en todo el mundo.

El cantante Víctor Jara, víctima de la dictadura militar chilena, expresó muy bien ese vínculo comunitario, cuando dijo:

> Pero del suelo me paro,
> porque me prestan las manos,
> porque ahora no estoy solo,
> porque ahora somos tantos.

Resumen: Actitudes resilientes

La resiliencia se construye día a día. No tiene ningún misterio. Hemos visto algunos de los valores más significativos que la constituyen. Es cierto que según algunos autores hay otros más, pero hemos dado una visión lo más general posible, para cualquiera de nosotros, para todas las personas. Sobre ellos tenemos una invitación permanente para reflexionar y para tratar de potenciarlos. En el fondo, como todo en la vida, se construye a base de una actitud permanente. De esta manera, forman parte de nuestra personalidad, y cuando intervienen, cuando los necesitamos, entran en acción de una manera natural, dándonos sus frutos. Recordémoslos brevemente:

- Creamos en nosotros mismos.
- Recuperemos nuestra vida interior.
- Sonriamos a la vida, a los demás.
- Seamos siempre optimistas.
- Controlemos nuestra existencia.
- Abramos el corazón a los demás.

Capítulo III
Estrategias para desarrollar la resiliencia

Vamos a ver a continuación, ejercicios, prácticas, acciones, esquemas e ideas, que nos pueden ayudar a desarrollar los valores y actitudes resilientes. Algunos son conocidos pero no por ello hay que olvidarlos, a veces las cosas simples pueden ayudar mucho más que un curso intensivo de técnicas de autoayuda, que también son recomendables. No se trata de una recopilación exhaustiva, y aquí veremos una manera de enfocarlos. Una de las cuestiones que nos ayudarán mucho es anotar nuestras impresiones. Llevar un diario personal es un buen ejemplo. Muchas personas lo hacen, lo recomiendan muchos escritores, pensadores o científicos. No hace falta que sea un cuaderno especial, nos puede servir una libreta o una agenda con espacios para hacer anotaciones. Hoy en día podemos usar los ordenadores o los medios digitales que llevamos encima y que permiten escribir y guardar las notas, además queda constancia automática de la fecha en que lo hacemos.

Anotar las impresiones personales que tenemos cada día o cada dos días, o con el ritmo de tiempo que nos vaya mejor nos ayudará de dos maneras. Por un lado, para concretar mejor lo que sentimos. La mente es inquieta. No cesa nunca su actividad. Los psicólogos utilizan el símil del mono. Los monos saltan sin cesar de una rama a otra, de un árbol a otro, miran a un sitio, luego a otro, se paran un momento y vuelven a saltar enseguida. Así es la mente, pasa de una idea a otra, de un pensamiento a otro, sin parar. Muchas veces nos rondan varias cosas a la vez. A lo mejor estamos trabajando y pensando en lo que nos dijo ayer un amigo, y a la vez mirando por la ventana, viendo pasar un avión; o estamos en casa, mirando la televisión, pensando en cosas del trabajo, mientras nuestro hijo intenta jugar con nosotros. La atención suele estar dividida. Y si estamos así, hacemos bueno el adagio: «Divide y vencerás», nos acabarán derrotando las preocupaciones, las dudas. Hagamos una prueba e intentemos ver cuanto tiempo podemos tener la mente centrada en una sola idea. Es muy sencillo, levantemos la mirada y fijemos la atención en un objeto, en la pared, en un cuadro, en un reloj, o si estamos sentados en la calle o en un parque, miremos un objeto lejano, una nube, una montaña. Está comprobado que al cabo de unos pocos segundos, la mayoría de nosotros ha perdido la concentración. Hemos saltado a otra rama, a otra cosa. La mente funciona así y mejorarla requiere esfuerzo. Además el recuerdo de los sentimientos es olvidadizo, salvo que estén asociados a experiencias determinadas, gratificantes o impactantes. Pensemos por un momento, si nos acordamos de cuáles eran nuestros objetivos, nuestros sentimientos cuando íbamos al colegio o cuando alcanzamos la mayoría de edad. Nos recordaremos de cosas, hechos, sucesos y escenas concretas, pero no de la mayoría. Si guardamos algo del material escolar que teníamos, puede que al volverlo a tener en las manos, nos sorprenda de nuevo. Tal vez nos digamos: «No me acordaba de esto que hice». Por eso es bueno llevar un diario, y anotar lo que opinamos o sentimos, nos ayudará a ser sinceros con nosotros y mejorar nuestra atención. Por otra parte, cuando conseguimos llevar esas anotaciones durante un cierto tiempo, releer lo que escribimos con anterioridad nos dará satisfacción. Si el intervalo transcurrido es largo también nos servirá para ver como han ido evolucionando nuestras ideas. Cómo ha ido cambiando la visión de nosotros mismos, nuestro interior, como se han ido consolidando ciertas ideas, y como otras han dejado de estar presentes.

La autoestima es de uno de los pilares de la resiliencia. Todos los investigadores y estudiosos están de acuerdo. Por eso debería ser una de las bases de la educación. Enseñar a los jóvenes a desarrollar la autoestima los prepara para afrontar los retos del mañana, sin lugar a dudas. Afortunadamente los educadores, maestros y profesores cada vez son más conscientes de ello, y la pedagogía se interesa por inculcar esas actitudes. En las personas adultas puede suceder que de pequeños no se haya inculcado ese valor, o bien se haya devaluado. Recuperar la autoestima es fundamental, y lo que sigue a continuación es una pequeña guía para mejorarla.

Desarrollar la autoconsciencia

La forma en que pensamos determina nuestra vida. Nos lo dicen las tradiciones. Buda dijo: «Todo lo que somos es consecuencia de lo que hemos pensado», y en el Evangelio, Jesús hace referencias a lo mismo. Nuestro pensamiento marca el cómo hacemos las cosas. Puede parecer que no veamos la relación, pero es así. Por ejemplo, si una persona anda continuamente preocupada, al final será un mar de dudas y vacilaciones en todo lo que haga. No se trata de no preocuparse por nada, de ser un insensato, sino de encontrar un punto medio. Establecer prioridades. A veces a las cosas triviales les damos tanta importancia como a las demás. Por ejemplo, que pierda nuestro equipo de fútbol favorito, que el billete de lotería que compramos no salga premiado, que perdamos el autobús, nos puede causar enfado o mal humor. Cuando eso sucede, es fácil que nos dejemos abatir por sucesos externos o ajenos a nosotros. Entonces somos presa fácil de los vaivenes emocionales, y damos pie a crear una continua sensación de malestar en nosotros mismos y de paso trasladarlo a todo lo que hacemos. Eso no quiere decir que si pierde nuestro equipo no nos vaya a saber mal. Eso sería algo raro. Si que nos tiene que saber mal, pero tiene que durarnos muy poco. Podemos perder un tren, un metro, un autobús, pero que sólo tenga la importancia de una simple anécdota. No nos tiene que afectar más de unos segundos.

> Las brumas de las preocupaciones nos impiden ver muchas veces el sol de nuestras verdaderas metas.

Una dinámica que conviene poner en práctica es repasar de vez en cuando cuáles son nuestros objetivos, nuestras metas. Pensarlos, reflexionar sobre ellos. Si los tenemos presentes, esa niebla que aparece en nuestra mente en forma de cortina espesa que nos confunde, se acabará disipando. Metas que nos motiven en el día a día, en el quehacer cotidiano. Podemos tener diferentes objetivos en la vida, algunos ideales y otros prácticos, unos a corto plazo y otros a largo. De los que hay que ser conscientes son de los que nos impulsan a vivir en las pequeñas acciones diarias. Por ejemplo el bienestar familiar puede ser uno de ellos, que además es a lo que la mayoría de las personas le dan más valor. ¿Puede depender el bienestar de nuestra familia el que perdamos el autobús, el tren o que nos veamos en un atasco de circulación? El sentido común nos dice que no. Sin embargo puede que, aunque no lo creamos, inconscientemente nos provoque efectos parecidos. En especial si a diario nos dejamos llevar por el malestar de los pequeños contratiempos. Es una suma continua de estrés y malhumor. Si tenemos claro el porqué hacemos la cosas, lo que nos está motivando a actuar, a trabajar, nos ayudará a sobreponernos en esas pequeñas situaciones, a situarlas en el lugar adecuado, y a lograr que no nos afecten a nivel mental. Además eso nos ayudará a establecer nuestras auténticas prioridades. Por ejemplo, si una de nuestras metas principales es tener más conocimientos de una materia, estudiar un idioma o aprender un oficio, esa será nuestra tarea prioritaria, el resto serán prescindibles; cuando así lo veamos, tendremos tiempo para realizarla, ya que habremos interiorizado su prioridad y descartaremos las otras que hacemos y que nos quitan tiempo.

> Dediquemos un día al año, por lo menos, a sintetizar nuestras auténticas metas vitales.

Si hemos adquirido el hábito de escribirlas, cada vez que las repasemos habremos avanzado un paso más en el conocimiento de nosotros mismos. Empecemos el desarrollo de nuestros valores resilientes, anotando cuáles son las prioridades reales de nuestra vida. Seamos sinceros.

El triángulo del equilibrio

La preocupación más legítima o por decirlo de otra manera, lo que más nos debiera preocupar es que nuestros actos estén en consonancia con nuestras auténticas metas. Según el ejemplo anterior, y que hoy en día es motivo de discusión por la relevancia social que tiene, es lo que hace referencia a la conciliación de la vida familiar y laboral. Si por un lado trabajamos por el bienestar de la familia, ¿cómo puede ser que ello nos obligue a pasar menos tiempo con ella? En la sociedad actual es una triste realidad. Hay que resolver esa contradicción. Hemos de tener muy claro cuáles son nuestros objetivos reales en la vida, y eso nos ayudará a orientarnos mejor y a actuar en armonía con ellos; y también nos ayudará a saber de qué podemos prescindir, y por tanto a tener el tiempo que nos faltaba. Cuando los tengamos claro, hemos de intentar encontrar el equilibrio.

Busquemos el triángulo del equilibrio, poniendo en los vértices, en las puntas, los referentes de nuestra vida. El triángulo Familia-Amistad-Trabajo puede ser un buen ejemplo. Otro puede que sea el de Bienestar-Ocio-Estudio, y otro Salud-Diversión-Actividad. Son conceptos auténticos, reales, del día a día, a los que tenemos que prestarles atención, y ser conscientes de ellos. Otro puede ser, Paz-Amor-Sociedad, o Familia-Amor-Comunidad. Para los creyentes sin duda una será, Dios-Amor-Humanidad. Es importante que sean sólo palabras que expresen una idea profunda. Dios es un concepto teológico, pero también personal. Aquí lo hemos de usar con el valor nuestro.

> Creemos el Triángulo del Equilibrio de nuestra Vida. Tengámoslo siempre en la mente.

Pensemos que las nuevas costumbres sociales en las sociedades avanzadas tienen aspectos poco benéficos para nuestra salud. Nos obligan a alternar jornadas de trabajo de cinco o seis días, con los días de descanso del fin de semana, en los que los contrastes de horario entre ambos son muy frecuentes. Por eso, compaginar descanso y ocio por las obligaciones o compromisos que adquirimos a veces es muy complicado y puede repercutir negativamente en nuestro organismo. De ahí que prioricemos el bienestar o la salud, entendida según el concepto amplio que hemos comentado. Hay muchos más aspectos sociales que no nos ayudan precisamente a sosegar nuestra vida. Por ejemplo los horarios para comer. Nos vemos obligados a tomar nuestras comidas a toda velocidad, mientras leemos un periódico o vemos las noticias, debido al escaso tiempo de que disponemos. Lo peor del caso es que en nuestras ciudades se ve como una cosa normal. Afortunadamente hay movimientos sociales que pretenden devolvernos a la consciencia de la alimentación, el Slowfood es un ejemplo.

¿Cuántos más de estos hábitos perniciosos podríamos citar? La lista sería larga. Levantarnos por la mañana con el tiempo justo, si nos hemos ido dormir tarde, porque nos hemos quedado a ver la televisión, nos puede impedir tomar un desayuno con tranquilidad y bien elaborado. Luego correr para llegar a nuestro trabajo. Si vamos en coche, conducimos con tensión, preocupados por la hora y en medio del bullicio y la congestión del tráfico. Si vamos en autobús o tren, lo hacemos junto a otras personas, quizás apretujados, que no tienen tiempo ni para mirarse, ni para saludarse ni para pararse a decir buenos días o preguntarse por su salud amablemente, a pesar de que se vean día tras día. Las prisas son malas consejeras siempre. Ese es el resultado de la forma de vida acelerada que llevamos, de la tecnología que ha cambiado a la sociedad, de las nuevas obligaciones sociales.

¿Qué hábitos de nuestra vida podemos mejorar?

Hemos hablado del triángulo, porque esta figura geométrica expresa de manera ideal la imagen del equilibrio. Hay personas que consideran que su vida se reduce a dos ideas. Es posible que en algunos momentos sea así, pero por regla general no lo es. Tampoco dedicar la vida sólo a un objetivo. En ese caso, no es un equilibrio, es un peso duro de llevar. Eso suele suceder cuando a una persona sólo le mueven el odio, la venganza, o algún otro deseo negativo. Es como una droga que al final consume a la persona, aunque al principio le parezca dar una energía imparable. Para la mayoría de nosotros, tres es un buen número.

Observación y autobservación

Para saber cómo pensamos, la calidad y la cantidad de las cosas que pasan por nuestra mente, hemos de desarrollar la autoconciencia, o la autobservación. Observar para después poder controlar mejor. Irá en beneficio de nuestra autoestima y mejorará nuestro estado de ánimo. No nos hará invulnerables. Pero nos creará un hábito saludable. Basta con pararse unos segundos a lo largo del día, y rememorar aquello que pensábamos hace un momento. Incluyamos esta rutina a una hora prefijada, por ejemplo, a las doce del mediodía. Imaginemos que estamos inmersos en nuestro trabajo. Pues nos paramos un minuto, y tomamos consciencia del tipo de pensamientos que rondaban por nuestra mente mientras lo realizamos. Podemos anotarlo en nuestro pequeño diario. Ello nos ayudará a avanzar en el propio conocimiento de nosotros mismos. Analizar lo que pensábamos, o cómo nos sentíamos a lo largo del día, nos servirá para descubrir las motivaciones, las actitudes, lo que causa nuestra conducta. Por ejemplo, preguntémonos: ¿Estábamos estresados? ¿Qué nos urgía más? Si trabajamos de cara al público, ¿Qué sentíamos al tratar con las personas, cómo eran nuestras reacciones? Si lo hacemos en una industria o frente a un ordenador, ¿estábamos concentrados o más bien dispersos? ¿Qué imágenes teníamos en la mente? Tal vez nos sorprenda lo que descubramos.

> Implantemos el hábito de la autobservación.

Este ejercicio nos ayudará a determinar la calidad de nuestros pensamientos. Si vemos que día tras día, a la misma hora, en la misma situación, en el trabajo o en el hogar, estamos preocupados, tensos, o malhumorados, quiere decir que algunos de nuestros hábitos, de nuestros esquemas mentales, se tienen que cambiar. Habrá que averiguar la causa, y luego tendremos qué ver cómo los cambiamos. Y no creamos que nos va a costar mucho, no es muy difícil. Son cosas sencillas de poner en la práctica. Todos lo podemos hacer, conseguir e incluso enseñar. Si por ejemplo, mientras trabajamos, vemos que lo único que deseamos es que se acabe la jornada laboral y volver a casa, porque nos sentimos incómodos, o porque nos causa tensión, tendremos que intentar centrarnos en las cosas positivas que hay en nuestro entorno de trabajo, que seguro que las hay, y que las vamos a encontrar. Es muy importante para nuestra salud, en el sentido que lo dice la OMS, que encontremos satisfacción en el trabajo, puesto que buena parte de la jornada, de nuestra vida, la pasamos trabajando.

El manejo de la sugestión

Uno de los métodos más efectivos y antiguos que tenemos para poder actuar en los aspectos de mejora de nuestra personalidad se llama la autosugestión. No se trata de ninguna panacea. Durante un cierto tiempo estuvo muy en boga, y era citado en todos los métodos de habilidades. Pero hoy en día no está considerado de la misma manera. El pensamiento positivo da más importancia a la actitud emocional. El problema radica en que antes de la sugestión simple tiene que haber una base. Hemos de tener otros pilares, hemos de tener un mínimo de motivación y convencimiento.

Con estas premisas, veamos alguna manera de llevarla a cabo. Si nos acaba funcionando tiene un efecto muy directo en la autoestima. Es la forma más rápida de incrementarla. Uno método muy sencillo y conocido en occidente fue el del doctor Emile Coué, que ya hemos comentado, en su libro titulado *El dominio de sí mismo* donde describe las bases de esa técnica. La idea es una alimentación de la mente con pensamientos sugestivos y creadores, con repetición e insistencia, sin prisa pero sin pausa, para que inspiren las condiciones de manera que broten de nosotros mismos las ideas y acciones que nos conduzcan hacia la mejora de aquellos aspectos que nos propongamos. De ahí la conocida frase: «Cada día que pasa y en todo momento me encuentro mejor y mejor», o en su versión original: «Todos los días y en todos los aspectos, me encuentro mejor y mejor». Efectivo. El método Coué es así de simple. La frase a usar debe llevar un mensaje claro, coherente y breve. La insistencia que se hace en la palabra «mejor» es intencionada, tiene el doble efecto de reforzar el mensaje verbal y de memorización.

> Si adoptamos ese método, la frase o frases hay que repetirla todos los días, en un momento determinado. Como indicaba en su sistema llamado «dinámica mental» el ilustre hijo de la población pirinenca de Sort Jose Mir, más conocido por su nombre artístico como Fassman, pionero en la divulgación de la hipnosis, debería hacerse esta repetición de la frase en el momento de levantarnos por la mañana o bien antes de ir a dormir. Bastaría con una o dos veces en cada ocasión. Así lo proponía, ya que son los instantes del día en que nuestra mente es más fácilmente sugestionable. Indicaba que podemos utilizar otras frases, como: «Estoy tranquilo, calmado y sin temor», «cada día estoy más seguro y confiado en mí mismo», «mi pensamiento se orienta en forma positiva y tendré éxito en aquello que me proponga», «hoy me va a ir bien, muy bien, lograré mis propósitos», «estoy en paz, en calma y tranquilo», «me siento bien. Estaré mejor y así será».

La autosugestión se puede aplicar frente a objetivos muy concretos. Por ejemplo, si se tiene la intención de dejar de fumar, seguir una dieta o bajar peso, abstenerse de ciertos alimentos o bebidas, o bien, mejorar en un deporte, estudio o actividad. Pero antes de aplicarla hay que tener en cuenta dos cosas. La primera, llevar un cierto tiempo aplicándola en el sentido anterior. Podemos querer estar más delgados o más musculosos, pero son motivos ocasionales que se deben apoyar sobre un auténtico bienestar. Los logros más concretos se deben apoyar en los verdaderos motivos que nos impulsan a vivir, como hemos dicho más arriba. Y luego podemos intentar conseguir las demás metas o cualquier objetivo que nos propongamos, si la principal prioridad es el triángulo Salud-Ocio-Actividad. Las demás vendrán como consecuencia de nuestro proceso de transformación, conscientemente dirigido.

Después, hemos de tener en cuenta que para aplicar esta fórmula de condicionamiento, hay que estar convencido del propósito. Es decir, si pretendemos dejar de fumar, hemos de querer hacerlo de verdad. No bastará repetirse: «Dejaré de fumar», «no volveré a fumar más», ya que en el fondo nos enfrentaremos a nosotros mismos, provocaremos un conflicto interno y lo más seguro es que no lo logremos. Eso es lo que le sucedió a aquel personaje de una obra teatral, que no encontraba la forma de dejar de beber. Tras mucho pensar, se dio cuenta que el problema era el trayecto diario que hacía al salir o volver a su casa. Pasaba inevitablemente por delante de un bar. Y siempre caía en la tentación. Así que decidió que tenía que evitar entrar en él, ya que no podía cambiar de itinerario. Pero a pesar de que se lo proponía cada mañana, y se lo repetía, no había forma. Volvía a entrar. Así que diseñó la siguiente estrategia. Cuando se acercara a la puerta del bar, daría un salto para no tener que pasar por delante. Dicho y hecho. Al día siguiente lo puso en práctica. Se armó de valor, y cuando llegó frente a la puerta dio un gran salto y pasó si mirar. ¡Lo había conseguido! Tan eufórico estaba que exclamó: «Voy a celebrarlo ahora mismo». Volvió para atrás y ¡entró en el bar!

Otra fórmula que se suele aplicar es repetirse la sugestión mirándose al espejo. Ello facilita la concentración y refuerza la atención verbal, y además se acompaña con una sensación de seguridad en nosotros. Decía Ramón Plana, el que fuera editor de la revista *Karma-7*, al hablar de la sugestión frente al espejo que «tenemos que tener un espejo muy firme, muy robusto». Se refería a que hay personas con baja autoestima, que cuando ven así su imagen reflejada les brotan pensamientos negativos, como: «Que mal aspecto tengo», «que mal me queda el peinado», y es muy difícil que consigan una correcta concentración y se centren en las sugestiones. Es como si tuviéramos la mente dividida en dos, por un lado la parte racional, afirmativa, consciente, que intenta crear un mensaje positivo, y por otro un lado subjetivo, inconsciente, dominante que hace aparecer las contradicciones, las debilidades, y las dudas. Es la naturaleza humana. Basta verlo en los grupos de trabajo. Ante un proyecto, ante una actividad, coexisten los tipos de personas que ponen las ideas y las que ponen dificultades. Lo mismo sucede si tenemos baja autoestima, cualquier idea que pongamos en la mente se tendrá que enfrentar a las barreras que nosotros mismos nos ponemos. En esas situaciones, la afirmación sugestiva ante el espejo puede no resultar efectiva. Si en cambio, nuestra autoestima y moral se encuentran en un buen nivel, la sugestión resultará doblemente exitosa, por lo que vale la pena probarlo.

Fortalecer la propia imagen

El desarrollo de la hipnosis y otros métodos similares en el período de la posguerra trajo consigo otra técnica complementaria llamada *visualización*. El propósito es similar al de la autosugestión pero incrementando su efecto en la mente ya que va asociada con imágenes. Se suele enseñar acompañada del uso de la relajación ya que ello implica una mayor concentración mental y una mayor efectividad. El entrenamiento autógeno de Schultz, por ejemplo, de muy buenos resultados, o el método de Antonio Blay, basado en aquél, pero lleno de muchos más matices. Luego mencionaremos uno. En este estado, sereno, libre de distracciones, la mente se dirige mejor. El objetivo es imaginar escenas positivas en aquellos aspectos que deseemos mejorar. La visualización incrementa nuestra autoestima ya que fija en nuestra mente una mejor autoimagen, y ayuda a cambiar la forma de vernos a nosotros mismos y conseguir aquellas metas que nos proponemos.

La visualización utiliza el poder de nuestra imaginación. Los psicólogos saben que podemos reaccionar de la misma manera ante experiencias reales como imaginarias. En un ejercicio de visualización podemos tener impresiones sensoriales muy vivas, y por tanto es una buena manera de ir modelando nuestras emociones sobre aquellos aspectos que pretendemos canalizar mejor. Es una manera de orientar a nuestra propia mente, de una manera indirecta, de una manera suave. Al igual que la caída de una gota de agua persistente puede al cabo del tiempo perforar o modificar la forma de las rocas más duras.

Con el tiempo, la suma de cientos de pensamientos bien orientados, de emociones positivas menores, significará una mayor autoestima y mucha más felicidad.

La visualización puede practicarse en cualquier momento del día, tras habernos relajado. Entonces creamos una escena, como si la viéramos en el cine o en la televisión, y en la cual los protagonistas somos nosotros mismos. Ha de haber movimiento o acción. Por ejemplo, si queremos mejorar aspectos como las relaciones con alguna persona concreta, nos podemos imaginar hablando e incluso riendo con esa persona; incluso lo podemos hacer en varias escenas, varios días, como si fuera una serie. Los primeros días escenificamos un apretón de manos. Los siguientes el inicio de una agradable conversación. Y por último, sonrisas y una despedida alegre. Cuanto más vivas sean las imágenes, mayor será el efecto de fijación de las ideas en la mente. Las imágenes serán más efectivas si las acompañamos de un lenguaje corporal afirmativo, incluso si nos situamos a nosotros en el primer plano y nos vemos satisfechos de haber logrado el objetivo propuesto. Evidentemente se puede combinar la visualización con el método anterior de afirmaciones enérgicas y positivas, y las personas creyentes pueden utilizar sus creencias religiosas también.

Vivir el Hoy

Dale Carnagie explica en su libro *Como superar las preocupaciones y disfrutar de la vida*, que el escritor inglés John Ruskin tenía sobre la mesa una piedra en la que tenía grabada la palabra «Hoy». Muchos otros personajes aconsejan centrarse en el día de hoy. El mismo Carnegie explica que en el espejo del baño tenía enganchado un poema del dramaturgo indio Kalidasa, que a otro famoso médico, sir William Osler también le gustaba leer a diario. El poema acaba así: «Porque el ayer es sólo un sueño y el mañana sólo una visión, pero el hoy bien vivido, hace de todo ayer un sueño de felicidad, y de cada mañana una visión de esperanza». Centrarse en el presente es la mejor forma de ahuyentar los males del pasado y las inquietudes del futuro. Otro pensador, Deepak Chopra, nos recuerda que el presente «es el momento que existe». Si fuéramos capaces de vivir el momento actual en toda su intensidad, nos daría la fuerza necesaria para hacer las cosas lo mejor posible, y saber gozar de la vida. Este mensaje está en las antiguas tradiciones. Es el mensaje de la Atención Plena o Mindfulness, cuyo origen es budista, pero también se halla en las religiones orientales y occidentales. Seguro que lo hemos experimentado alguna vez. Es la vivencia del artista cuya interpretación nos arrastra en una audición musical, por las inmensas impresiones que nos llegan, por los sonidos y efectos que percibimos; o lo que transmite un creador, cuando habla de su obra con entusiasmo arrollador; o la emoción de la persona que cultiva una afición cuando habla o se explica sobre ella, o la de la que se deja llevar por su vocación desinteresada hacia un trabajo, misión o hacia un grupo o personas; o simplemente de un modo natural encontrando satisfacción plena en el trabajo, en aquello que uno hace o a lo que se dedica. ¿No hemos comentado alguna vez hablando de un amigo o de un conocido «se transforma en otra persona cuando hace esto o aquello»? Vivir la realidad del presente en una palabra. Si conseguimos dedicarnos a lo que «ahora» hacemos al cien por cien, quedamos libres de las incertezas, de las dudas. Es como si mentalmente entráramos en una habitación, y cerráramos la puerta a cal y canto. Sólo nos absorben las cosas que tenemos delante, lo que tenemos en las manos. Los ruidos del pasado y de futuro, no pueden entrar en nuestra cámara. Nuestra atención está puesta en una única actividad.

> Una forma práctica y muy sencilla de ejercitarse, consiste en que antes de empezar cualquier actividad, bien sea de trabajo o de ocio, pensemos un momento: «¿Qué voy a hacer?» Por ejemplo, vamos a conducir el coche, pues cuando estemos sentados frente al volante, dediquemos escasos segundos a pensar lo que vamos a hacer. Nos diremos: «Estoy sentado y voy a conducir». Si lo acompañamos de una respiración profunda y relajante mejor. El valor de este pequeño pensamiento reside en que transformamos esos actos de automáticos en conscientes. Seremos más consecuentes y libres al actuar así. En el ejemplo, el caso de la conducción, tendrá toda su importancia y nos recordará la responsabilidad de lo que vamos a realizar. Guiar una máquina que nos transporte de un sitio a otro. Dejemos

> fuera del auto, las prisas, las preocupaciones, las distracciones, los nervios, nuestros sentidos han de estar por lo que hacemos. Así con todo lo que hagamos.

Vivir el Hoy, no sólo nos libra de los fantasmas del tiempo, sino que nos proporciona un gozo interno, nos da satisfacción por la obra que realizamos.

Dinámica positiva

Esta pequeña reflexión sobre el ser y estar en el ahora, en el presente, nos conduce a cómo podemos tener el pensamiento positivo en el día a día. Hemos visto dos ejemplos para mantener viva en nuestra vida una idea con la que sintonizamos, que nos estimula, que nos sirve para recordar nuestras metas. Esto debe formar parte de nuestro trabajo individual. Tener presente en cada momento lo que realmente aspiramos a conseguir, a lograr, es el paso siguiente. Pero normalmente somos olvidadizos, nos cuesta mantener en la mente esas ideas, esos principios. El día a día nos arrastra, con su vorágine de situaciones, imprevistos, inoportunidades, anécdotas. Hay personas que son capaces de mantenerse ecuánimes, de visualizar lo que pretenden en todo momento. Lo han logrado a base de disciplina, de aprendizaje. La mayoría no somos así. Tenemos que recurrir a pequeñas estrategias, a pequeñas utilidades, que nos aviven la memoria. Por ejemplo, acostumbramos a llevar en la cartera, o tener en el despacho, o en el coche, fotos de las personas que amamos. Es una buena costumbre. Nos recuerda quienes somos y por los que luchamos. Hemos visto lo que usaba Dale Carnegie, tener en el espejo enganchado un poema que le recordaba sus principios de actuación. Hay muchos otros sistemas. Podemos usar pegatinas, papeles autoadhesivos, los que usamos para anotar citas, datos, nombres que nos conviene tener a mano para no olvidarnos. Podemos usar el método de la tarjeta plastificada con la frase que queremos aplicar llevándola siempre en la cartera. Para ello recortamos un papel del tamaño de una tarjeta de visita normal, que podemos colorear a nuestro gusto, y cubrirlo de plástico adhesivo, o llevarlo a una imprenta para que nos lo hagan. Lo mismo con puntos de libro, si solemos llevar un libro con nosotros para leer mientras nos desplazamos al trabajo o al estudio. Recortemos un papel o cartón con la forma que más nos guste y rotulemos nuestra frase favorita; lo podemos plastificar también. Lo mismo podemos hacer con una hoja o cuartilla de papel. Las nuevas tecnologías nos pueden ayudar. El salvapantallas de nuestro ordenador lo podemos configurar con esa frase, párrafo o poema que más nos guste. Lo mismo con el fondo del escritorio, a la imagen que tengamos, le podemos pegar la frase que queramos. Los terminales móviles o las agendas electrónicas nos brindan las mismas posibilidades. Incluso podemos programar las alarmas, para que en las horas del día que queramos, nos aparezca esa frase. O bien usar los dispositivos para escuchar música, para oír grabaciones de frases, charlas o poemas estimulantes.

¿Qué frases usar? Podemos recordar cosas como: «Hoy será el mejor día de mi vida» en el sentido que indicábamos más arriba, como método de sugestión. Pero también pueden ser solo palabras: «Sonríe», «vive», «respira». Frases afirmativas como «Soy capaz de lograrlo», «puedo hacerlo», «creo en mí», «confio», «inténtalo», o simplemente: «Yo puedo», «yo soy capaz», donde se afirma la propia persona, usando el Yo. En función de las creencias religiosas, podemos usar «Dios», o «Jesús», tal y como usan muchos grupos religiosos protestantes. Frases que nos recuerdan que lo importante es continuar, hacer, seguir, persistir, confiar, que si no lo hacemos, no lo conseguiremos. Frases que destierren el clásico: «No puedo», o la típica frase de los estudiantes: «Voy a suspender».

Recuerdo que una vez entrevistaban a un escalador que tras pasar bastantes penurias, sufrir una fuerte caída y quedar aislado varios días, en un temporal de frío y nieve y que al final fue rescatado, explicaba cómo había logrado aguantar, pensando en su familia y amigos, y repitiéndose una y otra vez: «No he subido hasta esta montaña para abandonar ahora.»

Lo importante es que se trate de frases, pensamientos estimulantes, que nos motiven. Pueden ser fruto de lecturas, de reflexiones. Por ejemplo, el proverbio chino que dice: «El viaje más largo empieza siempre con un pequeño paso», nos insta a seguir a continuar. O bien: «Un pequeño paso es importante», que va en el mismo sentido. O una frase inspirada en algún libro religioso, dice San Pablo: «Si Dios está con nosotros, ¿quien contra nosotros?», que podemos transformar en: «Dios conmigo, nadie contra mí», como me comentó una persona. O una frase de Séneca: «La recompensa de una buena acción es el haberla hecho». O la frase de Ana Frank: «Piensa en toda la belleza que todavía queda alrededor tuyo. Sé Feliz». Es un espacio donde nuestra creatividad puede expresarse.

En los ejemplos siguientes se resalta el valor del esfuerzo, el valor del Hoy, el valor de actuar, de seguir, de no rendirse, de no ceder a los pensamientos que nos impiden progresar:

> No he llegado hasta Aquí para darme
> Ahora por vencido
>
> Aquí y Ahora

Podemos subrayar o enmarcar las palabras más significativas, colorearlas, ponerlas en negrita, hacer un círculo, para que de un vistazo rápido nos llame la atención. ¿Cómo las utilizamos? Primero las recortamos del tamaño de una tarjeta de visita o del que nos guste. Y la colocamos en un lugar a mano, en la agenda personal, en la cartera, en la carpeta de estudio o trabajo, en el libro que solemos leer, o en cualquier lugar u objeto que solemos usar varias veces al día. Lo importante es que esté a mano, que aparezca sin que la busquemos o si la buscamos aparezca enseguida. Poco a poco la idea se irá fijando, sin que nos demos cuenta. También podemos usarla cada vez que a la mente acuda una idea demoledora, una idea de imposibilidad, de frustración, que nos agarrote, que nos asuste. Si algo no sale tan bien como nos pensábamos, echemos un vistazo a la idea. Pueden ser frases, poemas, párrafos completos, proverbios, refranes, o algo que nos hayan dicho, un comentario ocasional que nos gustó.

Los métodos e ideas sugeridos hasta aquí nos ayudarán en la superación personal y en la mejora de la autoestima. Actuemos en tres frentes, ya mismo, *ahora*, no esperemos a mañana, para cuando tengamos un momento, que no llega nunca.

- Creemos el triángulo de nuestra vida, las tres entidades sobre las que reposa nuestro equilibrio, dediquemos un tiempo a pensarlo, y a tenerlo siempre en la mente.
- Mejoremos la imagen personal, usemos la sugestión o la visualización y ejercitemos la autobservación. Creamos, confiemos en nosotros mismos, en nuestras capacidades, y veámonos así.
- Introduzcamos la dinámica positiva, poco a poco, busquemos una frase, un pensamiento que nos estimule, y lo enmarcamos en algún lugar, visible cada día.

Solo tres pasos, tres acciones simples. Una combinación espléndida. Una corriente de estímulo, de ilusión elevará nuestra autoestima, y nos acrecentará la confianza en nosotros mismos.

Anclajes mentales

Los malos hábitos de pensamiento nos anclan, nos lastran, nos condenan. Pensar de manera equivocada nos lleva a la infelicidad. Está reconocido por los psicólogos, filósofos y pensadores que esas manifestaciones mentales se trasladan a la forma en que vivimos. A veces esos anclajes son costumbres sociales. Si vivimos entre personas negativas, que lo critican todo, al final nos acaban influyendo, nos acaban contagiando. O también son malos hábitos adquiridos en la escuela que nos impiden ver las cosas de otra manera, y las interpretamos una manera errónea o irreal. Es como si viéramos los objetos con unas lentes distorsionadas. Es difícil darse cuenta porque están tan implantadas y fuertemente asociadas en nuestra forma de percibir la realidad que los consideramos esquemas de pensamiento normales. Tan habituados estamos a ellos, que ni tan siquiera nos los cuestionamos.

En psicología se llaman tendencias irracionales o distorsiones ya que están basadas más en procesos emocionales que en un sentido lógico o racional. Son ideas irracionales, ya que en lugar de poner nuestra atención a las razones, de manera ecuánime y lógica, recurrimos a nuestras emociones para interpretar lo que sucede a nuestro alrededor. La implicación que puede tener para la autoestima el atender solamente a nuestro estado emocional puede ser muy negativa. Al final acabamos creyéndonos cosas de manera automática sobre nosotros y sobre los demás.

Veamos algunos de estas anclas que nos impiden navegar y progresar. Fijémonos en cómo los podemos pensar o decir en voz alta, y oír comentar a otros.

> **Dejarse llevar por estereotipos.** Nos aplicamos clichés basados en frases típicas a nosotros mismos, pero lo hacemos extensivo a los demás, incluso a grupos, entidades, cosas, conductas o experiencias. Cuando tenemos una baja autoestima asumimos nuestra propia imagen, en sentido autocrítico o peyorativos: «Qué tonto soy», «qué estúpido soy», o bien: «Todos mis esfuerzos son inútiles». A veces se lo decimos a los demás, al grupo, familia o equipo de trabajo: «Qué ridículos somos». O los aplicamos a otras personas sin pensar, en especial si tienen otras ideas, forman parte de otro grupo social, son de otro equipo.

Cambiemos esos clichés por éstos otros: «No me he dado cuenta», «qué despiste», «qué casualidad», refiriéndonos a nosotros, o: «Qué curioso que digan eso» refiriéndonos a los demás.

> **Generalizaciones.** Ante un error, o un fracaso aislado nuestra crítica se aplica en sentido general. Es como si la ciencia elaborara una ley a partir de un hecho aislado, sin constatarlo. Suele ser muy típico. «Todo lo hago mal», «esto siempre me sale mal», «qué poco sé hacer estas cosas». Tendemos a usar adverbios de cantidad como todo, siempre, nada, nunca, jamás. Substituyámoslos por estos otros: hoy, ayer, alguna vez, en ocasiones.

Digamos: «Hoy me ha salido mal» en vez de «todo me sale mal», o más: «Hace un rato que me ha salido mal» , o «una cosa me ha salido mal»

Ver la parte por el todo. Sucede cuando vemos el mundo como a través de un cristal medio oscuro, y sólo nos permite ver u oír algunas cosas. Nos centramos en algunos aspectos, que suelen ser negativos ignorando el resto, que son más positivos. Vemos lo que queremos ver. Es habitual cometer este error de pensamiento al recordar el comportamiento en actos sociales. Por ejemplo, si hemos hablado en público, nos acordamos de las equivocaciones, en lugar de recrearnos en los momentos en que actuamos equivocadamente.

Intentemos quitarnos ese cristal y abrirnos a todas las experiencias, tener una mente más abierta. Pensemos que la imagen que los otros tienen de nosotros es la que nosotros nos forjamos.

Proyectarnos en los demás. Es un esquema habitual. Pensamos que los demás se sienten como nosotros, que experimentan los mismos sentimientos, en función de una creencia típica, o de las experiencias con nuestros más allegados. Esto no tiene porque ser cierto. Frases como: «Ya sé lo que te pasa», «tengo la impresión de que te sientes mal» significan que pasamos de sentimientos a conclusiones sin ninguna prueba, solo con nuestra convicción.

Es mejor preguntar directamente: «¿Te sientes mal», «¿me puedes decir lo que te pasa?».

Sentido de culpa: Es una forma de pensamiento que nos hace acusarnos de todo, tengamos o no la culpa. Estamos continuamente disculpándonos con todos, con nuestros amigos, compañeros, extraños. Por ejemplo si vamos a comer con un amigo a quien le gusta un plato, en caso que no lo tomemos le decimos: «Lo siento yo tomaré otra cosa». Tenemos que asumir la responsabilidad en nuestra vida pero sin considerarnos responsables de todo lo que ocurre. No podemos controlar todo lo que pasa a nuestro alrededor, ni tampoco lo que les pasa a las personas que nos rodean. Podemos sufrir una sensación de fracaso personal cuando quien fracasa es alguien cercano a nosotros, un familiar o un amigo. Ante un fracaso el sentido del mismo y el dolor que causan pueden verse acrecentados por este esquema.

Apliquemos la responsabilidad con sentido común. Los errores, lo fallos, no tienen porqué ser negativos.

Polarización: Otro mal hábito de pensamiento, que no nos permite ver las cosas más que en blanco y negro, sin ver los demás matices, ni la gama de grises. Como si tuviéramos un interruptor on/off en la mente. La deriva inevitable es que este esquema nos lleva a la negatividad, sobre todo de cara a sucesos que nos van a ocurrir. «Hoy voy a llegar tarde, perderé el autobús», «no podré tranquilizarme, me pondré nervioso en el examen». El anclaje es un impedimento a encontrar la solución.

Digamos mejor: «Si pierdo el autobús, cogeré el metro», «si me pongo nervioso intentaré relajarme».

Sentirnos aludidos: Suele suceder cuando vemos un reportaje en la televisión, escuchamos una conferencia, u oímos comentarios en una conversación o debate, con otras personas, conocidos o extraños. Por ejemplo, se comentan los malos hábitos alimentarios en general, y nos damos por aludidos, aunque en realidad no los tengamos. «Es verdad, que mal como.» Y ello nos causa inquietud o estrés al vernos sin control de la situación.

Tenemos que procurar mirar u oír esas cosas distanciándonos de los hechos. «Puede que alguna vez me ocurra, estaré al tanto la próxima vez.»

Ignorar capacidades. «Si tuviera», «si pudiera», «si fuera» en lugar de decir: «Voy a intentarlo», «voy a mejorarlo».

Una forma de poder mejorar estos malos hábitos es intentar estar más atentos a lo que pensamos. Hay muchas formas de lograrlo. Por ejemplo, siguiendo una práctica meditativa o de atención plena. También anotar a una hora determinada cada día lo que hemos pensado sobre la situación que acabamos de vivir, como hemos indicado antes. Analizamos si hemos caído en distorsiones o hábitos erróneos de pensamiento. Lo que hemos sentido o pensado en diversos momentos. O si hemos notado que hemos sido presa de emociones dolorosas o que nos han generado una cierta tensión, que suele ser el indicador más relevante. Puede ayudarnos mucho realizar periódicamente esta puesta por escrito, podemos usar nuestra agenda, manual o electrónica, y establecer una codificación cada vez que notemos algún mal hábito.

Ver la vida de otra manera

Las cosas siempre se pueden ver de varias maneras. Suponen diversos grados de actitudes, en los que podemos pasar de un extremo a otro, de lo más positivo a lo más negativo. Nosotros escogemos la postura. Podemos adaptarnos y rehacernos, ser resilientes o negarnos a asumir la realidad. El escritor Juan Gracia Armendáriz, autor de la novela *Diario del hombre pálido* lleva años viviendo con la hemodiálisis. Cada tres días, debe pasar cuatro horas conectado a una máquina que limpia de elementos tóxicos su sangre ya que su riñón no funciona bien. Es una de las miles de personas que viven gracias a este tratamiento. Pero no lo ve ni como una esclavitud, ni como una condena, a pesar de que sus movimientos y su alimentación se ven limitados. Aprovecha el tiempo en que está conectado para leer buenos libros. Juan escoge el camino resiliente.

Adoptar una actitud u otra requiere el mismo esfuerzo, y como dice un refrán: «Es preferible reír que llorar». Es el talante, el modo de enfocar las cosas, lo que tenemos a nuestro alcance, lo que podemos controlar. El cantante de etnia gitana Pere Pubill, de nombre artístico *Peret*, le puso música de manera alegre y magistral:

Es preferible reír que llorar,
así la vida se debe tomar

Los ratos buenos hay que aprovechar,
si fueron malos mejor olvidar.

Muchos autores, escritores, pensadores, cantantes, filósofos y artistas nos incitan a modificar nuestras maneras de afrontar la vida. Poniendo énfasis en pequeñas intenciones, a implantar leves acciones, que ayuden a cambiar el rumbo de nuestras vidas. Algunas son interesantes, he recogido cuatro, de diferentes orígenes y estilos.

El que fuera novelista, ensayista, autor y columnista polifacético Noel Clarasó en su libro *Vive más, vive mejor*, plantea cuatro cosas que toda persona debe hacer o tener en sus hábitos diarios, a modo de rutina:

- Ganarse la vida. Ocuparse en algo. Tener una actividad que hacer es muy importante en todas las edades. Para las personas mayores es fundamental.

- Cultivar el cuerpo. Olvidamos lo que nos decían los antiguos: «Mens sana in corpore sano».

Mente sana en cuerpo sano. No hay que olvidar el cuerpo. Los antiguos yoguis ya lo planteaban.

- Cultivar el alma, la mente. Dedicar tiempo a leer, aprender. Tener siempre a mano una buena lectura, novela o revista. Aprender algo nuevo siempre se puede hacer o repasar conocimientos antiguos, de historia, arte, o ciencia.

- Tratar bien al prójimo. Como dice un proverbio chino: «Siempre queda algo de aroma en la mano que da rosas».

El conocido y prestigioso cardiólogo Valentín Fuster, en las charlas sobre prevención y salud que suele dar, o en las entrevistas que concede a los medios, plantea seguir «las 4 T». En inglés, con su traducción en castellano, consisten en:

- Time to reflect = Tiempo para reflexionar. Hay que dedicar al menos 15 minutos al día para centrarnos en nosotros mismos. Para saber qué es lo prioritario y secundario en nuestra vidas. Existen muchos recursos a nuestra disposición, seguir un método de relajación, de meditación, de yoga, de tai-chi, o de interiorización. Las antiguas tradiciones lo afirman. Hay que buscar dentro de uno mismo.

- Talent to discover = Talento por descubrir. Descubrir nuestro propio talento, aquello que realmente nos motiva, y para lo que realmente servimos cada uno. Todos tenemos alguna capacidad interna que podemos desarrollar y con la que podemos crecer eficazmente. A veces nuestros afanes se ponen en objetivos inalcanzables, que solo aumentan el estrés.

- Transmit positive = Transmitir lo positivo. Transmitir cosas positivas, una actitud positiva, empezando por nosotros mismos. Afecta no sólo a nuestra autoestima sino a la de los demás, a las personas que nos rodean. Dar a los demás, tratar a los demás en positivo nos proporciona felicidad.

- Tutoring the young = Tutelar a los jóvenes. Aconsejar en positivo. Y en general a cualquier persona, ayudarles a encontrar su camino. De esa manera también encontramos el nuestro, empezando por nosotros mismos. Necesitamos oír a los demás, escuchar sus consejos.

El que fuera pastor y predicador Norman V. Peale, considerado uno de los pioneros de la literatura de autoayuda, y que fundó una revista y diversas organizaciones destinadas a divulgar el pensamiento positivo, en su libro, *Cultive la felicidad*, aconseja cuatros cosas:

- Practicar la calma y el reposo. Una forma es aprender a relajarnos. Más abajo veremos una manera, aunque hoy en día, hay muchísimas. Crear espacios de tranquilidad y sosiego en nuestras vidas, es básico.

- Hacer algo por alguien todos los días. La vida es compartir, relacionarse, ayudar a los demás, colaborar sin ánimo de lucro en alguna actividad.

- Orar en acción de gracias. Agradecer todo lo que tenemos, es valorar las cosas en su justa medida. Implantar el agradecimiento en nuestras mentes, actitudes y palabras.

- Combatir lo negativo con entusiasmo y optimismo. He aquí un punto importante. La mejor manera de ir creando una actitud resiliente.

El escritor y mentalista, Roy Masters, fundador del Instituto para el entendimiento humano, y creador de un método de meditación basado en técnicas de relajación y visualización en su libro *Como influye la mente en su bienestar*, dice que hay que:

- Retomar la relación con la Realidad dentro de nosotros mismos. Ser más conscientes de lo que hacemos, introducir en nuestra vida la reflexión y la meditación.

- Retomar la relación con la Naturaleza. Hemos de reconocerla en todos sus aspectos y en todos sus propósitos.

- Retomar la relación con los demás. El sentido del prójimo como principio, intentar mejorar la vida de los demás.

Podríamos poner muchos otros ejemplos. El consejo es darle una vuelta a lo que hacemos diariamente, y poner en marcha algún cambio, alguna acción. Lo importante es la actitud que adoptemos. Mirar la vida de otra manera. Dejar las rutinas anteriores. Introducir ideas y principios nuevos. Cuando así lo decidamos, pongámoslo en práctica sin dudar y con motivación.

Algunas sugerencias pueden ser

- Disfrutar con las salidas o puestas de sol. En las ciudades aún es posible. Tal vez tengamos que cambiar algún horario. Agradecer a la vez la oportunidad de vivir el día.

- Sonreír en más ocasiones a los que nos rodean. La sonrisa como hemos dicho nos relaja por fuera y por dentro.

- Introducir algún hábito saludable, o abandonar uno que no lo sea. Seguro que lo sabemos, que lo tenemos previsto para hacer, pero nunca nos decidimos. Ahora es el momento.

- Pasear más a menudo. Es un ejercicio saludable. A la vez nos permite ver cosas nuevas, hablar con más gente.

- Contemplar los animales y las plantas, la naturaleza que nos rodea. Dedicar una parte de nuestro tiempo a conocer el medio ambiente, a colaborar en su regeneración, a recuperar la belleza de lo natural.

- Reflexionar unos minutos sobre un tema que nos guste. Cualquier tema es bueno, nos dará una visión nueva y personal que nos abrirá nuevas puertas de conocimiento.

- Si nos gusta la lectura, leamos algo diferente de lo que nos es habitual. Y si no nos gusta, tomemos la decisión de leer.

Hay muchos pensadores que nos sugieren muchas más ideas y ejercicios. Las obras de Stephen Covey, Deeepak Chopra, Walter Riso, Anthony de Mello, Mario Alonso Puig o Àlex Rovira son también recomendables.

La relación con los demás

Una parte fundamental de la vida es la relación con los demás. Somos seres gregarios. Desde hace miles de años, las personas vivimos en grupo, en comunidad. Los primeros grupos humanos eran nómadas. Se dedicaban a la caza y a la recolección de frutos de los árboles. También crearon las herramientas de piedra tallada que utilizaban para la pesca y para trabajar la madera. Con el tiempo lo grupos y organizaciones familiares fueron creciendo y se establecieron en lugares fijos, creando las primeras aldeas. Cuando se cazaba un animal grande como un mamut o un bisonte, todo se compartía, desde la carne como alimento, hasta la piel con la que se hacían vestidos para protegerse de las bajas temperaturas. Más tarde los griegos crearon el ágora, aquella plaza pública donde los ciudadanos iban a debatir, y que se perpetuó en las plazas de los pueblos. Es evidente que en nuestra esencia es el ser comunitario. Las sociedades modernas, todo y mantener ese espíritu, sin embargo han puesto ciertas barreras que no propician las relaciones humanas. Nos encerramos en nuestras casas a mirar la televisión, y nos olvidamos de hablar con el vecino. Tal y como dice Luis Rojas Marcos es muy importante hablar y manifestarse, hablar con los vecinos, con los conocidos, con los amigos; los pueblos mediterráneos tienen una buena tradición.

¿Cómo podemos mejorar las relaciones humanas? En primer lugar hay que aprender a observar y valorar las cualidades positivas de otras personas. Es muy sencillo. Busquemos o fijémonos en una persona próxima. Miremos qué características positivas destacan, o aquellas que a nosotros nos gusten. Siempre hay alguna; por ejemplo la simpatía, la alegría, el optimismo, su sentido del humor, su conversación, la amabilidad. No nos detengamos en las que no nos gusten. Se trata de cambiar el punto de vista. De la misma manera observemos y destaquemos los rasgos físicos que nos gusten, que también siempre los hay, el cabello bonito, la mirada agradable, la sonrisa, o en sus capacidades, por ejemplo si practica algún deporte, si es buen trabajador, o en sus aficiones, si le gusta lectura, hobbies, manualidades. Existen infinitas posibilidades. Cada persona alberga una virtud en el fondo de sí misma. Sólo hay que tener la voluntad de encontrarla. Y todas las personas tienen cualidades positivas, nos caigan mejor o peor. A partir de entonces, cuando nos crucemos con ella, ya no pensaremos si es guapa o fea, si es gorda o delgada, si es blanca o negra, si habla poco o mucho. La miraremos sólo por aquella cualidad que tiene, por su virtud.

Es una práctica para fomentar la autoestima. Si aprendemos a ver sólo la parte positiva de los demás, en sus rasgos físicos o cualidades, crearemos una dinámica de análisis que revertirá en nuestra propia visión, nuestra propia autovisión. Si valoramos las cualidades positivas en los demás, las valoraremos en nosotros mismos. Lograr ver las cualidades positivas y los logros de las personas que nos rodean es importante para la autovaloración positiva de nuestra autoestima. En los talleres de autoestima, en ocasiones, se pide a los asistentes que expresen por escrito las cualidades de las demás personas. Muchas se llegan a sorprender de lo que los demás escriben sobre ellas. La sorpresa estriba en que tenemos una visión deformada de nosotros mismos, no estamos acostumbrados a valorarnos. Por eso, si practicamos con asiduidad la experiencia de descubrir los valores positivos de los demás, nos servirá para nosotros mismos. Por ejemplo, si vemos a nuestro hijo como una persona tenaz y espontánea, nos podemos preguntar si nosotros también lo somos; o si consideramos a un amigo franco y generoso, veamos si nosotros somos así. Se trata de una dinámica profunda, que acabará transformándonos más de lo que nos imaginamos.

Hay personas que saben hacerlo de modo natural, personas que se relacionan bien con todo el mundo, que mantienen conversaciones con cualquier persona, y a las que trasladan su afecto y comprensión, que saben mantener una escucha activa. Si no tenemos esa habilidad se puede aprender, basta con irlo practicando. Casi ninguna persona reacciona mal ante un comentario amable. En 1968, J. Blanton Belk, fundó un movimiento conocido como «Viva la gente» (Up With People), cuya misión principal es unir al mundo a través del idioma universal de la música y construir puentes de entendimiento entre las naciones. Tal vez lo recordemos por sus actuaciones y canciones. Convoca a jóvenes de entre 18 y 29 años de edad, de todos los lugares del mundo en Denver, y tras un mes de preparación artística y cultural los lleva, junto con un equipo profesional, a viajar por tres regiones del mundo durante seis meses. Durante ese tiempo se alojan en hogares de los países que visitan y participan en programas de desarrollo comunitario. Tal y como dice su página oficial: «Esta experiencia cambia los corazones y mentes de nuestros participantes, preparándoles para que acepten sus roles y responsabilidades como ciudadanos el mundo». Una iniciativa muy loable. En sus canciones se destaca la importancia de las personas, con un lenguaje muy sencillo.

> Con más gente a favor de gente en cada pueblo y nación, habría menos gente difícil y más gente con corazón.

Hablan de la importancia de todas las personas. ¿Nos hemos parado a pensar en la cantidad de gente con la que nos relacionamos cada día y a las que casi ni miramos?

Por ejemplo, el conductor del autobús que tomamos cada día, o el vendedor de billetes en la estación del tren, la cajera de del supermercado, el empleado de la farmacia, el quiosquero al que le compramos cada día el periódico. Quizás haga mucho tiempo que los tratamos y ni tan siquiera sabemos como se llaman. Una palabra amable no estaría de más. Hay tiempo para todo, no nos viene de un minuto.

Antes vimos como Norman V. Peale aconsejaba dar gracias, ser agradecido. Otra manera de aumentar la autoestima es saber aprender a dar y a recibir elogios. Muchas veces nos cuesta decirle a alguien lo bien que ha hecho una cosa. No sólo es la envidia, un vicio muy traicionero, que suele crearnos espejismos de autoengaño, sino la falta de costumbre. En la escuela, primaria o secundaria, se suele valorar a los que destacan, a los más inteligentes y capacitados. Los maestros y los padres deberían elogiar también a los que no son los números uno más a menudo. De hecho la sociedad está llena de personas que no lo son. Afortunadamente es una tendencia que va mejorando. Adoptemos esa estrategia en nuestra vida, en nuestro trato habitual. Cuando hablemos con un compañero, vecino o amigo, digámosle algún elogio. No hace falta usar palabras de cortesía o grandilocuentes, bastan expresiones simples, teñidas de algo de humor. Esta práctica se puede extender a los extraños, a las personas que conocemos por primera vez.

Por último en este apartado, tomamos un ejercicio que propone Torkom Saraydarian, en un libro de carácter ecléctico y profundo, *La ciencia de ser uno mismo*, y que consiste en hacer el bien de una manera consciente. Según dice, «esta forma de actuar, libera la energía interna nuestra, aumenta la vitalidad de nuestro cuerpo, de nuestra naturaleza emocional e ilumina nuestra mente». La forma de realizarlo es muy sencilla. Se trata de pensar en alguien muy concreto, puede ser compañero de trabajo, vecino, amigo, familiar, o incluso alguien con quien tengamos poco trato. Pensaremos qué podemos hacer por aquella persona. Tal vez tenga una auténtica necesidad de algo material, puede que comida, enseres o dinero, o tal vez solo necesite compañía. A lo mejor sólo precisa que le llamemos por teléfono, pasamos a saludarle o a visitarle, o tal vez consideremos que le vaya bien un objeto, un libro, ropa, u otro regalo. Tiene que ser algo determinado y que nos comprometa en el corto plazo a realizarlo. Y después llevar la acción de la mejor manera, de la forma más agradable, del modo más simpático que podamos. Actuar así es obrar por un acto de buena voluntad, sin esperar nada a cambio. Esto es importante, ya que si esperamos cualquier cosa como contrapartida, agradecimiento, sonrisas o alabanzas, no se tratará de un acto de la manifestación de la voluntad positiva.

Saraydarian sugiere que este ejercicio lo hagamos con varias personas, durante un cierto tiempo, y que lo pensemos muy bien antes de hacerlo, que no sea algo rápido o momentáneo. Nos hemos de tomar nuestro tiempo, y meditar nuestra actuación. Después sugiere que no nos quedemos solo con esta forma del ejercicio. Hay que extenderlo a los demás niveles de nuestra vida. Podemos practicarlo con el pensamiento, enviando pensamientos positivos a las personas o rezando por ellas. Y dedicar tiempo a acciones más profundas, que ahora denominamos colaboración con entidades u organizaciones que trabajan por el bienestar de los demás. En aquel año que se publicó esta idea, 1969, proponía aplicarlo a los delincuentes juveniles mediante un programa educativo especial que propiciara su reinserción. Totalmente de acuerdo. De hecho se anticipó a su tiempo, ya que al final, tal como sugería, en muchos países se han desarrollado planes similares de integración mediante el trabajo comunitario de los jóvenes transgresores de la ley. La idea de Saraydarian en el fondo a lo que nos conduce es a adoptar una postura diferente frente a los demás, mediante pequeñas acciones diarias. Un cambio de visión realizado con la buena voluntad y la generosidad.

La rueda del cambio

El siguiente cuento tiene diferentes versiones. La que transcribo es tal como me la explicaron la primera vez, hace bastantes años.

> Se cuenta que un europeo de viaje por ferrocarril por el sur de la India se encontró en cierta ocasión atrapado, debido a que las lluvias habían arrastrado todo tipo de objetos enmedio de la vía. Todo el mundo se puso manos a la obra. Se formaron varios grupos de trabajo y poco a poco se fueron apartando las rocas e incluso reparar las vías. Sin

embargo la situación se estancó, a pesar de los esfuerzos reiterados de los pasajeros por apartar un tremendo tronco que al que era difícil acceder para desplazarlo. El lugar solo permitía el acceso de pocos hombres, incapaces de removerlo. Era inevitable pasar la noche allí parados, a la espera que llegara una máquina con ayuda mecánica. Alguien del lugar sugirió que se podía contratar un elefante en una aldea próxima. Nuestro viajero se ofreció para contratarlo y así poder proseguir su viaje. El animal era enorme, y saltaba a la vista que tenía una fuerza descomunal. Sin duda resolvería la situación. El dueño subsistía de esa manera, ya que lo utilizaba para acarrear los transportes más variados. Vivía del trabajo de su paquidermo. Lo curioso del caso es que el elefante, una vez vuelto a casa, solo quedaba atado a una cadena que estaba anclada a una pequeña estaca clavada en el suelo. El viajero sorprendido de que el paquidermo no se fuera arrancando del suelo el simple pedazo de madera, le preguntó a su propietario cual era el motivo, y éste le contestó: «Oh Sahib, desde pequeño ha estado atado a esa estaca». El viajero entendió que la fantástica memoria de los elefantes, en ese caso jugaba en contra suya; ya que al estar atado desde que nació a la misma estaca, solo recordaba los vanos esfuerzos por librarse de ella y sin embargo ahora la podría arrancar de un cuajo sin problemas.

Estamos anclados a hábitos de pensar, a maneras de ser. Damos por hecho principios que no nos cuestionamos.

Somos reacios a modificar esos esquemas que nos atan a la estaca. Nos esclavizan los recuerdos, los afectos, las enseñanzas recibidas. Y no reconocemos el potencial interno, la fuerza que nos puede liberar y proporcionar una vida más plena.

¿Por qué nos cuesta aceptar los cambios? Los psicólogos hablan de que nos anclamos en la zona de comodidad. Se trata de aquellas rutinas y hábitos arraigados, conductas que se convierten en repetidos, que tienen por objeto simplificar nuestra vida, hacernos las cosas más sencillas. El ejemplo que se suele poner es la ruta, el itinerario al trabajo. Nos acostumbramos a ir por el mismo sitio, pasar por los mismos lugares de manera automática, de manera que no somos del todo conscientes de lo que hacemos, ni de lo que sucede alrededor. Actuamos por inercia. Por eso nos sugieren que adoptemos varios itinerarios, que no pasemos siempre por el mismo sitio, que variemos el camino. Podemos buscar más ejemplos, en el trabajo, en el hogar o en la vida social, y también a los principios e ideas. Este es un tema más complejo, como hemos comentado con anterioridad. El problema se deriva de permanecer demasiado tiempo en nuestra zona de comodidad. Una situación que nos condiciona. Cuando se produce un cambio, en el trabajo, en el hogar, o cuando necesitamos realizar algo nuevo nos sentimos incómodos. Puede que nos echemos atrás, o nos cause estrés. Pero en realidad es una oportunidad de probarnos ante nuevas situaciones que podrían brindarnos experiencias enriquecedoras. Recordemos el anagrama chino que comentamos al principio.

La resiliencia nos proporciona una facilidad de adaptación a los cambios, y viceversa. ¿Qué podemos hacer para que éstos no nos afecten? Hay muchas estrategias. Aunque parezca una nimiedad, vale la pena cambiar las rutas de nuestra vida diaria. No solo el camino al trabajo, sino el que hacemos para comprar el pan o el diario. Podemos pensarlas antes, o bien introducirlas sobre la marcha. Si por ejemplo volvemos a casa por la tarde, y hay luna llena en el cielo, damos un pequeño rodeo para contemplarla, ¿por qué no?, y quien dice la luna, dice una puesta de sol, o un cielo irisado. Rompamos la rutina, en todos los sentidos, incluyendo el ocio, las lecturas, la vida social. Si leemos novelas de misterio, compremos alguna de aventuras, si practicamos un deporte, aprendamos otro, si siempre compramos el mismo diario, una vez a la semana adquiramos otro. Cambiar las pequeñas rutinas nos prepara para los grandes cambios. No estaremos condicionados por esas trivialidades. Tengamos apertura mental. No rechacemos las ideas nuevas, las tendencias nuevas. Eso puede sucedernos en todos los aspectos de la vida. En el pensamiento, en la política, en las costumbres sociales, en el uso de las nuevas tecnologías. Una mente abierta está preparada para aceptar y superar cualquier cambio, en cambio una mente cerrada, está anquilosada en sÍ misma. Pensemos alguna cosa nueva para hacer, bien en solitario, bien en la familia, bien en el trabajo. Creemos una planificación y llevémoslo a cabo. La misma acción de crear desarrollará nuestro poder de llevarla a cabo. Comentémoslo a los demás. Los auténticos amigos nos ayudarán, nos darán más ideas. Puede ser cambiar un hábito del fin de semana con la familia, o una actividad con los amigos. Tiene que ser motivador para nosotros. Cualquier edad es buena. No tenemos que creer nunca aquella frase: «Tú no tienes edad para esas cosas». Recordemos que frente a una voluntad férrea no hay nada imposible. Tal y como sugieren tantos pensadores, esta palabra *imposible*, tiene que desaparecer de nuestra mente, primero, y de nuestro vocabulario después. Eso nos ayudará a lanzarlos de lleno a las cosas nuevas. Nos ilusionarán y aportarán motivación. Pensemos que nos cuesta cambiar o adoptar las novedades simplemente por falta de motivación. A las personas creativas, o que han desarrollado esa capacidad, les atraen enseguida, y valoran sus posibilidades. Podemos decir que atraen las ideas favorables mediante actitudes favorables. Piensan en los beneficios, no se asustan por lo que les pueda causar en su zona de comodidad.

Estrés - Serenidad

Uno de los principales factores de riesgo en todas las edades es el estrés. Planea sobre nuestras vidas como una tormenta que puede descargar de muchas maneras. El estrés está reconocido como uno de los principales problemas que afectan a la salud. Hay varios elementos que contribuyen a que aumente, el entorno que nos rodea, laboral o familiar, los esquemas de pensamiento negativos y las respuestas físicas. De manera que hacen que nos sintamos ansiosos, malhumorados, desanimados, sin fuerzas o deprimidos. De ahí que todo esté relacionado, si aumenta nuestro grado de estrés, aumentarán los sentimientos negativos, los pensamientos serán más confusos, y al final acabará afectando a nuestra autoestima. Las personas resilientes son capaces de gestionar las situaciones estresantes y superarlas. Las crisis, los problemas, aumentan el grado de estrés como luego veremos. La incerteza provoca la aparición de la angustia y emociones negativas. Lo veremos todo negro. Eso nos enlaza con el primer tema del libro, por eso decíamos que hay momentos en la vida que parece que todo se nos pone en contra. Por eso es importante aprender a tratarlo.

Una solución antigua para poder superar o combatir el estrés es la relajación. Afortunadamente sus técnicas se enseñan en centros educativos, deportivos y laborales.

Veamos una manera de realizarla en unos sencillos pasos:

- Empezar el ejercicio observando la respiración unos minutos.

- El primer paso es ser consciente de lo que se va a realizar: Vamos a relajar todo el cuerpo de manera consciente.

- Después hay que sentirse flojo, como si una fuera un muñeco de trapo, dejar ir todos los músculos que notemos, liberarlos, soltarlos. Si notamos que alguna prende de ropa nos aprieta hay aflojarla.

- La dinámica de las respiraciones para relajarse ha de seguir un esquema de alargar las espiraciones. Su origen proviene de la práctica pranayama del yoga. El objetivo del mismo es controlar el flujo de la respiración. Primero observaremos la inspiración y espiración; después haremos el conteo mental mientras inspiramos, luego la retención del aire, y luego en la espiración haremos que el ritmo aumente progresivamente.

- A continuación ponemos la mirada, la atención en el cuerpo, empezando por los pies. En cada espiración los sentiremos más relajados, más flojos. Seguimos con las piernas, las rodillas dedicándonos a aflojarlos aún más. Seguimos con las caderas. Luego ponemos la atención en el plexo solar, en la boca del estómago, sintiendo toda la región, y luego extendemos la relajación a toda la región del vientre. Hacemos lo mismo con la región del pecho, y ponemos la atención en el estado interno del cuerpo en general y en todo el tronco y brazos y piernas. Por último llegamos a la nuca, extendiendo la relajación a toda la región del cuello y cabeza, los músculos de la cara, frente, maxilar inferior, lengua, y finalmente sintamos el estado interno del cuerpo en general y de la cabeza en particular.

Al dirigir la mirada hacia un músculo u órgano corporal, no hay que forzarlo, lo único que hay que intentar es dejarlo ir. Si nos cuesta realizarlo, basta con que practiquemos ejercicios de tensión-distensión. Por ejemplo, estirar una pierna, y luego dejarla caer. Cuando la estiramos la tensionamos; luego al dejar de hacer fuerza, la dejamos ir, la relajamos. Es esta situación la que poco a poco hay que ir consiguiendo, y profundizando en las mismas. Lo que nos sucede muchas veces es que a pesar de estar sentados o estirados, intentando descansar, en realidad tenemos los músculos tensos, no los liberamos. Eso nos puede ocurrir trabajando o estudiando, o si mantenemos la misma postura mucho tiempo. Por eso es recomendable hacer una parada de tanto en cualquier actividad que realizamos, y procurar destensionar la mayor parte de músculos que podamos.

Hay un procedimiento basado en el binomio tensión-distensión, muy útil para principiantes que consiste en aplicarlo a las diferentes partes del cuerpo:

- Se empieza por las manos, brazos y antebrazos. Cerrando los puños, tensando los bíceps y antebrazos, unos segundos, y luego dejarlos sueltos, experimentando la diferencia entre un estado y otro.

- El siguiente paso es arrugar la frente, unos segundos y luego dejarla ir, desarrugarla. Hacer lo mismo con el entrecejo. Luego con los párpados. Después con la mandíbula. Siempre apretando, aguantando unos segundos, y luego relajándolos. Hay que sentir la variedad entre un estado y otro.

- Hacemos lo mismo con los hombros, arqueando la espalda como si fuéramos a hacer una inspiración y luego relajándolos. Siempre experimentando la diversidad de estados.

- Seguir con el torso y el estómago. Apretamos los músculos abdominales y luego los soltamos.

- Acabamos con los pies, tensionando los dedos hacia arriba y luego soltándolos. Lo mismo con los muslos y las pantorrillas.

Hay que tener en cuenta que no hay que forzar la tensión muscular. Cuando cerramos los puños, no hace falta apretarlos en exceso, sólo lo necesario para sentirlos tensos, y luego al soltarlos notemos la diferencia. Este método es muy sencillo y resumido. Pero se puede profundizar aun más, combinándolo con la respiración. Por ejemplo, podemos dirigir suavemente la atención a la sensación de las manos, pensando con claridad que las vamos a aflojar más y más y ahora hacemos mentalmente el gesto interno de relajarlas, mientras espiramos. Aun cuando pensemos que están ya bien relajadas y que no podemos conseguir más, no importa, insistamos. Precisamente en este esfuerzo suplementario y aparentemente inútil reside uno de los secretos del éxito en la relajación profunda. Vamos por tanto repitiendo estos cuatro pasos, varias veces, prolongando el estado de relajación en cada una de las partes. Se puede empezar con tres respiraciones por cada órgano, durante una semana, y después subir a cinco, durante otra, y así sucesivamente, hasta que adquiramos suficiente soltura. Entre ejercicio y ejercicio podemos hacer una pequeña pausa de uno o dos minutos, y aprovecharlo para observar el estado del cuerpo en general y de las extremidades en particular. Es decir, tomar conciencia de la relajación completa del organismo. No importa que al principio nos cueste bastante. A medida que se practica se va reduciendo el tiempo en que se consigue la relajación paulatina de los músculos, y de la totalidad del cuerpo.

En general, para finalizar el estado de relajación y volver al estado normal, basta con hacerlo conscientemente. No tenemos que tener ninguna dificultad. Pero si vemos que nos cuesta, basta mover los dedos de las manos y de los pies un poco, o bien tensionar unos instantes los músculos de los brazos y de las piernas. Y a continuación ya nos podemos poner en pie, dando por terminado el ejercicio. Con el tiempo ese estado de descanso se hará muy placentero, y encontraremos verdadero gozo en hacerlo en diversas ocasiones, en especial antes de dormir para tener un sueño más benefactor, y levantarnos bien descansados. Es fácil comprobar que la práctica asidua de la relajación acaba aportando quietud sensorial. Se tranquilizan las emociones y los sentimientos, y poco a poco se disipan de la mente, aportando bienestar. Con el tiempo aprenderemos a relajarnos en cualquier lugar y situación ya que el proceso se irá simplificando.

Otra forma de prevenir el estrés es practicar algún deporte, es la mejor medicina preventiva. Pensemos que nuestros organismos no están preparados para una vida sedentaria, no evolucionaron para estar parados, sentados y estar pasivos; lo hicieron para sobrevivir en un medio hostil en el que tenían que moverse con agilidad y destreza, en competencia con otras especies. Eso nos llevó millones de años. Ese es uno de los motivos por los que la práctica del ejercicio, del deporte nos sienta tan bien. El habernos fatigado, sudado y quedado rendidos, nos proporciona una sensación de relajación y de bienestar. Además, muchos estudios indican que la actividad física hace que nuestro organismo produzca endorfinas y encefalinas. Son unas substancias parecidas a la morfina que produce nuestro organismo; su función principal es analgésica, es decir disminuir el efecto del dolor, pero sin los efectos nocivos que puede tener ese producto si se administra desde afuera. Se descubrieron a principios de los años setenta, llamando enseguida la atención de los científicos, con la consiguiente sensación de bienestar que genera. La práctica regular del ejercicio, siempre que no sea extenuante y no se realice solo para la competición, contribuye a prevenir muchos males y a mejorar nuestra salud, en todos los sentidos. Cualquier actividad es buena, un partido de fútbol, baloncesto o tenis con los amigos, para pasar el rato, o el caminar o correr solos o en compañía, el paseo matutino, el tai-chi en el parque, además de generar salud y bienestar físico, nos genera satisfacción, entusiasmo, alegría para encarar las preocupaciones y el estrés. Pensemos que algo tan sencillo como caminar unos 15 o 20 minutos diarios, algunas veces a la semana, puede sernos de mucho beneficio; solo porque nuestro corazón se fortalece o baje la presión arterial ya vale la pena hacerlo. Podemos consultar con un médico o un entrenador personal el mejor plan de ejercicios que se adapte a nuestra capacidad.

Esta observación, como un ejercicio, la podemos hacer siempre que queramos; alternándolo con los otros, durante un período de tiempo. ¿En qué ocasiones? Cuando notemos un descenso del ánimo, del ímpetu natural, o si aumentan las contrariedades y los problemas notoriamente y nos vemos afligidos o decaídos. Lo que necesita nuestro organismo en esos momentos es recuperar el tono vital y si interiorizamos con intensidad las sensaciones benéficas, redundará en un beneficio de nuestro estado general. Es una manera directa de elevar nuestra autoestima. Por ejemplo, un día nos encontramos bajos de moral porque no han salido bien las cosas. Nos sentamos un momento, respiramos, miramos el cuerpo, y pensamos en algún buen rato que hayamos pasado con alguna persona próxima, familiar, amigo, en algún viaje, en alguna convivencia, observando la escena vivida con detalle, con precisión, con plena conciencia. Es un ejercicio en el que jugamos con el poder creativo de la imaginación, como se usa en algunas técnicas de relajación. Recreamos en nosotros las buenas experiencias vividas, que nos traen buenos recuerdos, buenas sensaciones. Podemos incluso incluirlo en el rato de meditación diario, como colofón, y al sentirnos bien, en el instante final, levantemos las manos en señal de bienestar, de intensa unión con la naturaleza.

Situaciones de estrés

Hemos de pensar que la vida sin un cierto grado mínimo de estrés no sería posible. El estrés forma parte de la vida de la especie humana. Tener algo de estrés nos activa y ayuda a realizar muchas cosas. La frontera entre lo conveniente y lo perjudicial, no es fácil de divisar; cada uno la hemos de descubrir. Así incluso estando bien preparados y advertidos, la podemos rebasar, e ir acumulando el estrés silencioso. El problema es el exceso de estrés que es perjudicial para la salud en general. Y además hay un estrés persistente, que también es excesivo pero en dosis soportables, que no genera molestias evidentes durante un tiempo. Es al que vamos a llamar oculto, y quizás no sea tan peligroso pero seguro que es nocivo. Hay muchas situaciones leves. Por ejemplo, la espera en una consulta o en un hospital, hacer cola para comprar, para preguntar o para cualquier gestión. El viaje en un medio de transporte público en horas punta, un atasco circulatorio inesperado, que nos pilla justo cuando más prisa tenemos. Una pequeña contrariedad en el hogar, una avería del vehículo, un apagón eléctrico. La lista sería larga. Son sucesos que no valoramos como estresantes, pues los consideramos de poca importancia y de poca trascendencia. A diferencia de otros más evidentes, como muertes, enfermedades, rupturas sentimentales, pérdida del trabajo o importantes problemas laborales, accidentes graves que se suelen reconocer enseguida. Por eso es importante el conocimiento de las causas del estrés, y ver en detalle los factores que nos lo producen. Aunque no hay total unanimidad entre los expertos, podemos establecer unas referencias para evaluar el grado de estrés. En 1967, los psiquiatras Thomas Holmes y Richard Rahe, basándose en un análisis realizado en 5.000 personas elaboraron una escala con una serie de acontecimientos que provocan diferentes grados de alteración y estrés en la vida de una persona normal. La tabla se denomina Escala de Reajuste Social y en muchos libros figura con una puntuación, de modo que una acumulación de las mismas incrementa la incidencia de trastornos psicosomáticos. Cuantas más situaciones así se presenten el riesgo es más elevado. Hay investigadores como Arnold Lazarus que sin embargo opinan que la forma en que las personas interpretan un evento supuestamente estresante es más importante que el evento en sí. Por esta razón además de conocer los hechos estresantes, hay que incluir factores tales como la interpretación, las creencias y las actitudes. En principio las situaciones descritas se aplican principalmente a las personas adultas, para adolescentes los factores pueden variar en grado y contenido La organización mundial del trabajo (OIT) se refiere al estrés de esta manera: «Se trata de una enfermedad que afecta a los países industrializados y en vías de desarrollo, afectando a la salud de los trabajadores y a la productividad», alude también a los múltiples estudios que relacionan los factores psicosociales presentes en el trabajo con el riesgo de estrés.

Alto grado. Entre las situaciones que generan un mayor grado de estrés se considera que la muerte del cónyuge es el hecho mas grave de todos. Es el que ocupa el lugar más alto en la lista con diferencia respecto a los demás. La construcción de una familia, basada en la vida en común con otra persona, es un referente personal básico en la especie humana. Los lazos que se constituyen son bastante fuertes. Por eso la viudedad va revestida de un carácter simbólico en muchas culturas, por el fuerte dolor que causa, y además es un estado que va a ser ineludible. Le sigue el proceso de separación o de divorcio, una situación rompedora que se puede vivir con mucha dificultad, daño mutuo, acciones legales, disputas de largo alcance. Ambas hacen referencia a la convivencia matrimonial o de pareja. Pensemos que son hechos que afectan directamente a la estabilidad natural de la vida.

A continuación los problemas con la justicia, o sucesos importantes en los que intervienen los tribunales, la policía, e incluso el ingreso en prisión o encarcelamiento. Los juicios son siempre situaciones que generan inquietud, y que además pueden tener muchas implicaciones. Después le sigue la muerte de un familiar cercano, padres, hijos, hermanos, tíos, sobrinos. Como señala Jorge Bucay, es muy significativo que la pérdida del conyugue sea considerada la situación más grave, más incluso que la pérdida de un hijo, ya que a la dura tragedia se suma la vivencia en la soledad, que contribuye a agravar la situación. El fallecimiento de un hijo o hija, si sucede en edad temprana o en plena juventud, es una catástrofe familiar, pero si el trance tiene el consuelo de la compañía de la pareja es más sobrellevable. Si la causa de la pérdida del familiar es debida a un accidente de tráfico, como hemos comentado al principio, se pueden juntar otras circunstancias asociadas que agravan el episodio, además de la sorpresa puede estar la identificación del cadáver, la complejidad del papeleo que puede implicar a la abogacía, las declaraciones a la policía y otras que deterioran aun más la situación, y pueden abocar a las personas a un riesgo muy elevado de estrés.

Faltan en este grupo los episodios de enfermedades, intervenciones quirúrgicas, hospitalizaciones, dolencias que obligan a guardar cama, y todo el proceso que llevan, vinculados a diversas causas, que en sí mismas pueden tener otras situaciones asociadas; aquí se incluyen desde los contagios de gripes y otros virus, hasta accidentes deportivos. Y por último el proceso de una boda. Aquí valga una reflexión sobre hechos que asociamos a felicidad pero que también causan estrés. En estos casos, aunque el motivo sea el contrario, por una emoción positiva, el proceso puede causar los mismos efectos que una emoción negativa. No nos olvidemos que se pueden producir achaques de muchos tipos, debidos a explosiones de risa o de alegría descontrolada.

Grado alto-medio. En este grupo, las dos principales tienen que ver con la situación laboral, por una parte la pérdida del empleo, y por otra el retiro o la jubilación. Ambos también pueden ir asociados a otras circunstancias que pueden elevar el grado de estrés; por ejemplo si hay conflictos laborales o crisis sociales en las que intervienen otros muchos sucesos, como huelgas, injusticias, problemas políticos y otros más. Y por otra parte, a veces la jubilación tiene lugar antes de lo previsto por causas inesperadas y sin la voluntad del trabajador, debido a esas mismas crisis.

Después se sitúan los procesos de reconciliación de la pareja, con el cónyuge después de una ruptura. Un hecho que también causa estrés, en menor grado que la ruptura, y por los motivos contrarios. Después están la enfermedad de un miembro de la familia, así como la mejoría de una larga enfermedad o de una afección crónica de una persona en el seno familiar, o variaciones significativas en el estado de salud de alguno de sus miembros. Por último tenemos la ruptura de un noviazgo o de una relación similar con otra persona, el embarazo para la mujer, los problemas de relación sexual y el nacimiento o adopción de los hijos en el seno familiar.

Nos puede llamar la atención que la recomposición de una pareja, la mejora de una enfermedad, el embarazo, o nacimiento de hijos sean consideradas situaciones de estrés cuando son motivos de alegría y felicidad cuando ocurren. Pero como hemos indicado son situaciones que se viven con cierto trastorno, aunque sea motivado por una emoción positiva, y cuyos efectos hay que tener en cuenta. Pero si son hechos que ocurren sin que haya otras perturbaciones, su incidencia va a ser leve. Si sucede lo contrario el riesgo de estrés aumenta.

Grado medio-bajo. Las situaciones que se engloban aquí son varias.

La muerte de un amigo o amiga, sobre todo si había intimidad; aunque no se sitúan en el mismo nivel que la pérdida de un familiar, para algunas personas puede ser igual de grave.

Las variaciones en las finanzas familiares, en especial si son bruscos, ya sea por aumento o disminución del nivel de vida. Los reajustes o cambios en el trabajo, o la conflictividad laboral en el mismo, o en la actividad que se desarrolla. Si se trata de una pequeña empresa afectan por igual al empresario y al trabajador.

El cambio de empleo, en especial si se cambia el tipo de actividad laboral, o variaciones significativas en la actividad habitual, como un aumento del número de horas de trabajo, o del número de jornadas. No olvidemos que en época de crisis, cambios así son frecuentes. Por ejemplo, una persona que trabajaba en una oficina puede pasar a ser chófer de un camión. Como es lógico pensar, afecta menos a personas que suelen tener movilidad en el empleo, como jóvenes o estudiantes que en época de vacaciones pueden emplearse en diferentes ocupaciones varias veces.

Hipotecarse por cantidades significativas bien sea para una persona, o en el seno familiar, cuando se compromete una parte importante de los recursos económicos, ya sea por la vivienda o la empresa. Y también si ocurren incidencias con los préstamos, como un proceso de impago, o un aumento desmesurado de los costes debido a cambios en los tipos de interés.

En una situación de convivencia, la aparición o el cese de las discusiones o de las broncas en el seno del hogar, o bien un deterioro significativo de la misma. El inicio de un noviazgo o de una nueva amistad íntima y profunda. Los traslados, como mudanzas o cambio de la vivienda individual o familiar, en la ubicación del lugar de trabajo, en especial si es por motivos ajenos, del colegio de los hijos.

En el hogar, la marcha de un miembro de la familia, o la madre que comienza a trabajar fuera de casa, o la pérdida de su empleo, en el caso que ya tuviera. Peleas o desacuerdos con familiares no residentes en la casa familiar, con vecinos, o con colegas y compañeros de trabajo, engloba su aparición o bien su desaparición. La época de exámenes para los estudiantes. Las promociones o cambio de actividades en el trabajo. Un éxito personal de repercusión en su entorno social.

Grado bajo. Aquí nos encontramos con muchas situaciones más normales, que si no van asociadas a otro tipo de situaciones suelen ser muy sobrellevables.

Reformas importantes en la vivienda, o bien un deterioro notable de la vivienda, por avería u otra circunstancia. También las variaciones de la convivencia en el vecindario. Después una serie de cambios o variaciones, en las costumbres personales (de salir, vestir, de estilo de vida, etc.), en las horas o condiciones de trabajo, en las opiniones religiosas o en las opiniones políticas. Las modificaciones en la vida social, ya sea por ir a más o a menos, no relacionadas con los posibles cambios en las costumbres o hábitos personales mencionados; y los cambios en la frecuencia de reuniones familiares. También los cambios en la manera o duración del sueño, por turnos en el trabajo u otras circunstancias. Una variación en las costumbres alimenticias o apetito. Y por último, las vacaciones fuera de casa, las fiestas de Navidad, Reyes o su equivalente; este tema no se suele tener en cuenta, porque se asocia con bienestar, pero a la vez nos puede provocar un cansancio adicional.

Superar el estrés

El estrés puede hacer que cambie nuestra personalidad. Nos puede volver acelerados. Siempre con prisa, sin escuchar a los demás. Nos puede provocar cambios de carácter, y cambios de humor sin otra causa aparente. Podemos sentirnos bien y al cabo de poco estar fatal. Las personas que nos rodean nos lo pueden advertir. Y en ese sentido hemos de estar atentos a sus comentarios, sin que ello nos cause una reacción adversa.

Estemos atentos a las situaciones de estrés mencionadas. No nos consideremos invulnerables. Los centros de salud están llenos de personas que así lo pensaban. Estemos atentos las señales de alarma. A las sensaciones desagradables, estados de malhumor, irritabilidad, nerviosismo, agotamiento. Hay muchos síntomas, y a veces no presentan un dolor o malfuncionamiento orgánico. A veces son sólo sentimientos negativos, desinterés, tristeza, frustración, o más duros como agresividad, disgusto o temores infundados. O bien la falta de los positivos, alegría, entusiasmo, poco gusto por el estudio o trabajo.

Hemos de buscar espacios de serenidad en nuestras vidas. Podemos dedicar por ejemplo entre 20 y 40 minutos para hacer aquello que nos guste, que nos motive, aunque ello suponga levantarse antes de la cama o irse a dormir un poco tarde. Puede ser un tiempo para la lectura sosegada, de un libro, de una revista, o para dedicarnos a escribir un diario o correos a los amigos o conocidos, o salir a pasear para tomar el aire matutino y contemplar la salida del sol o recibir las primeras luces del día; y si es por la noche, para observar el crepúsculo nocturno, o si las luces ambientales de nuestra ciudad o pueblo lo permiten, contemplar las estrellas. ¿Conocemos las constelaciones? Nuestros antepasados sí. Y no hace tanto tiempo, nuestros abuelos aún seguían el horario solar. ¿Por qué no dedicar ese tiempo de quietud aunque sea para soñar despierto? Reflexionar, sentir, observar la naturaleza, lo que nos rodea, sin otro pretexto más.

Llevar un estilo de vida saludable nos ayudará también. Por ejemplo hacer cambios en la dieta evitando comportamientos y hábitos nocivos, haciendo ayunos ocasionales o seguir dietas controladas; incrementando el consumo de alimentos como las frutas, los vegetales, los cereales, los productos lácteos y el pescado. De entrada su consumo nos servirá para reequilibrar nuestro organismo y prevenir otro tipo de problemas orgánicos derivados de una alimentación deficiente. Si evitamos los alimentos con cafeína, como: café, algunos tipos de té, cola y chocolate, evitaremos las excitaciones, y aunque al principio nos cueste deshabituarnos por ejemplo al café matinal, después nos sentiremos mejor, más tranquilos. Si tenemos dudas al respecto basta consultar con profesionales y expertos, bien sea en los centros de salud o en el centros de nutrición, que nos sabrán orientar. Hagamos caso de los consejos que nos dan las instituciones públicas sobre las costumbres necesarias para llevar una vida sana, en la alimentación, en el ejercicio físico, en los chequeos periódicos. No en vano las ciencias médicas han conseguido erradicar enfermedades endémicas, descubrir las causas de algunas dolencias comunes y prolongar la vida media de las personas. Los consejos para ser más virtuosos y más sensatos a la hora de alimentarnos y de llevar una vida más natural, han estado siempre presentes para el que quisiera y pudiera oírlos; ahora las investigaciones científicas los ratifican. Si además practicamos ayunos periódicos, nuestro organismo nos lo agradecerá; no en vano se halla en todas las religiones de una manera u otra, bien el ayuno o la abstinencia total o parcial, bien la privación de ciertos alimentos, en períodos más o menos largos, un día, durante ciertos días.

Aprendamos a ser optimistas. Luchemos contra los pensamientos negativos, de enfado o desalentadores. Son un mal síntoma. Si todo lo vemos negro, si creemos que todo nos sale mal y no somos capaces de superarlo, tal vez tengamos que recurrir a la ayuda de alguien. Dejémonos aconsejar por alguien de confianza en ese caso. Aprendamos a prescindir de esas cosas materiales que perdemos, que se nos estropean o que nos salen mal, con el mínimo malestar posible. La satisfacción debe residir en saber disfrutar de los bienes que tenemos.

Actuar por efecto de nuestra propia voluntad. Porque somos honestos con nosotros mismos, no por obligación, no por utilitarismo, por las ganancias o pérdidas que ello nos proporcione o buscando la aprobación de los demás. Es la fuerza de la motivación interna. Creamos que lo que hacemos nos importa, tiene el máximo valor, porque así lo sentimos. Nos liberará de la tensión de una falsa responsabilidad.

No hay que seguir todos los consejos de los demás. Por muy bien que nos quieran y deseen. La última palabra es nuestra. Aunque cambiemos de opinión. Aunque vayamos en contra de las convenciones sociales. Y no hay obligación de justificarlo ante nadie.

Apliquemos el principio de la sabiduría romana, «festinabis lente», que quiere decir, «yendo despacio llegarás lejos». La vida se construye en pequeños pasos. Una gran construcción nunca se ha hecho de un día para otro. Recordemos a los constructores de las catedrales. Dedicaban toda su vida a hacerla, sin pausa pero sin prisa.

Sinceridad en todos los actos. Es de vital importancia ser sincero con uno mismo y con los demás. Cuando lo somos, podemos establecer metas propias asequibles a nuestra capacidad y prometer a los otros, las cosas que realmente podemos hacer. Si alguna promesa nos va a costar mucho o no podemos cumplirla, seamos conscientes de ello y no nos engañemos, ni tampoco a los demás. Nos traerá tranquilidad y seguridad. Esta actitud no supone ponernos limitaciones. Renunciar a lo imposible, nos abre un mundo de infinitas posibilidades, porque existirán muchas otras cosas que si podamos realizar y muy bien. Seguro que no podremos ganar todas las carreras en las que participemos, pero lo importante no es ganar, sino ser feliz.

A veces nos preocupamos demasiado por cosas que no podemos controlar, el tráfico o la meteorología son los ejemplos típicos, pero hay otros como las noticias sobre tragedias en los medios o los cambios sociales o políticos, que nos pueden preocupar e interesar, pero con lo que hemos de evitar la identificación excesiva. Si conseguimos liberarnos de esta carga, tendremos una mejor sensación de control sobre aquello que nos pasa. Las circunstancias externas no condicionarán nuestro estado de ánimo. Reflexionemos sobre ello.

Consideremos los cambios como retos positivos, no como amenazas, sobre todos los sucesos que nos pueden ocasionar estrés, desde las situaciones en el trabajo, pasando por las vivencias personales.

Pidamos ayuda si la necesitamos. La familia, los amigos no nos fallarán. Hay momentos que necesitamos expresar nuestro dolor y pedir apoyo emocional. Cuando precisamos ser escuchados, no lo dudemos. No lo guardemos dentro. Al final estallará y será peor.

No nos culpabilicemos. Ni tampoco busquemos culpables. En la vida no todo nos saldrá bien. Tenemos derecho a equivocarnos. Hay que aprender de los errores. No digamos «qué injusta es la vida», sino más bien, «esperaba mucho a cambio de poco». El hecho de no tener las mejores capacidades no implica ser inferior a los demás, ni tenerlas que los demás sean inferiores a nosotros. Nos reportará mayor serenidad.

Las palabras no son un fin en sí mismas. Inter-pretan conceptos para comunicar, para aprender, para valorar, para enseñar, pero no debemos depender de ellas. Son un mecanismo para otro fin superior. Cuando alguien nos dirija palabras de menosprecio, insulto, descortesía o burla, no hay motivos para tensionarse. Como dice Roy Masters:

«No importa que la gente no le ame. Usted les ama a ellos. No importa si la gente no le comprende. Usted les comprende a ellos. Y si no le perdonan, perdónelos usted».

Hemos de encontrar el equilibrio de la mente y el cuerpo. Una obligación más que una sugerencia. No tan solo para combatir el estrés, sino para aumentar la calidad de vida en todos los sentidos. En nuestra época, como seres humanos, necesitamos volver a descubrir la sencillez, recuperar formas de vida más simples, en el sentido de los progresos logrados se adapten a la naturaleza humana, y no al revés, que es lo que está sucediendo.

Afortunadamente hay muchos movimientos y grupos que promueven la vuelta a la sensatez, al dominio de las cosas, en vez de los excesos y desvaríos en que hemos caído. Ahora, en muy poco tiempo, en los últimos cien años, si lo comparamos con la escala biológica, hemos variado las costumbres naturales, hemos adoptado nuevos hábitos alimentarios y nos movemos y caminamos mucho menos que nuestros antepasados. Es cierto que vivimos más que ellos, que hemos superado problemas muy graves, que hemos eliminado enfermedades que antes no se podían controlar y que hemos convertido el medio difícil en un lugar más confortable y seguro. Pero a cambio de contrapartidas, han aparecido enfermedades que antes no existían debido a eso hábitos adquiridos en la forma de vida moderna y hemos puesto el planeta en una situación de deterioro peligrosa para los seres vivos, entre otras cosas.

Si los avances tecnológicos y sociales se hubieran hecho en paralelo a la comprensión del ser humano, el impacto de algunos de los problemas que tenemos sería mucho menor o nulo. Este es el origen de que sigamos teniendo esas contradicciones, y el tener que recurrir a las prácticas milenarias para solucionarlas. El conocimiento que tenemos de nosotros, de la humanidad sigue siendo parcial, y aún tenemos que realizar un ejercicio de humildad y reconocer que no todo lo antiguo es nimio.

Muerte y resiliencia

Sin lugar a dudas las principales situaciones de adversidad que a lo largo del libro hemos comentado están relacionadas directa o indirectamente con la muerte, como las tragedias y desastres naturales, las enfermedades graves o los accidentes. Y uno de los temores que nuestra sociedad moderna rehúye comentar con más frecuencia es el temor a morir. Tanto es así que en muchos ambientes, en muchas tertulias, cuando se menciona la palabra morir, hay quien incluso dice: «Dejemos ese tema», «hablemos de otras cosas». En nuestra cultura, en nuestra educación, en especial en la occidental, es casi un tema tabú. Hay personas que incluso creen que se trata de un temor tan arraigado en el ser humano que es insuperable. Muy pocas personas quieren oír hablar del tema, incluso con personas ancianas, que la tienen muy próxima. Ante todo hemos de tener en cuenta una cosa muy importante, que muchos filósofos y pensadores nos recuerdan que el hablar o pensar sobre la muerte no implica para nada renunciar a vivir la vida con total intensidad. Al contrario, ser capaces de asumir esta cuestión forma parte de la existencia humana. Si lo pensamos con calma veremos que en el fondo todos los miedos están arraigados dentro de nosotros, son internos no externos. Hoy en día, con la crisis económica, mucha gente confiesa sin recelos sus miedos a perder el empleo, a no poder pagar la hipoteca, a que su negocio fracase, parece asumido que es un tema de conversación normal; cuesta más expresarse sobre otros miedos que surgen siempre, a tener un grave accidente y quedar incapacitado, a tener una enfermedad, a perder a nuestros seres más queridos, pero no nos cuesta tanto hablar de ello con las personas más íntimas. Pensemos un momento lo que en realidad nos atenaza. No son los problemas o adversidades, sino el miedo a los mismos, el miedo interno nuestro. Los problemas en sí, seremos capaces de resolverlos y de salir adelante, como a lo largo del libro hemos hablado. Podemos superar cualquier problema, pero nos ata el temor a no poder lograrlo.

¿Y la muerte, tememos hablar sobre ella? Lo que tenemos que pensar es que la cuestión sobre la muerte y nuestros temores al respecto se pueden y deben abordar. Lo decían los filósofos estoicos, los sabios antiguos, los sabios actuales. Si tememos morir, pensemos en la muerte, en nuestra propia muerte, en la muerte de nuestros amigos, de nuestros familiares, de nuestros conocidos. Tengo un amigo a quien le han diagnosticado tres años de vida. Lo mejor que puede hacer es ser sincero consigo mismo, y a la vez vivir la vida con su mismo ritmo. Y así lo hace. Puede despedirse de sus hijos, y a la vez acompañarlos al colegio cada día, asistir a las reuniones de curso junto a los demás padres, acompañarlos a los partidos de fútbol, ir con su esposa al cine. Seguir haciendo la vida normal, y a la vez preparar las cosas para que en su ausencia las cuestiones económicas le sean más llevaderas a su familia. Me confiesa que en el fondo no está convencido de que sea lo más idóneo, pero el amor por su familia le mueve más que el dejarse llevar por los placeres inmediatos que no le satisfarán en los instantes de soledad, en los instantes de angustia, instantes que los habrá, que los tendremos todos, y por los que tenemos que pasar.

Años atrás, las personas morían en casa, rodeadas de su familia y amigos. Hoy en día el tránsito tiene lugar en los hospitales, alrededor de aparatos que intentan evitarla, en un ambiente más gris, no tan familiar. La localización de los tanatorios fuera de los núcleos urbanos, a pesar de que intentan ser más humanos, favorece ese alejamiento de lo cotidiano. A pesar de que en las noticias, en las televisiones, la muerte se vive muchas veces en directo, pero es la «muerte del otro», como dicen los sociólogos, escenas casi virtuales, lejanas. La sociedad tecnológica actual transcurre de espaldas a la muerte. Con mucha frecuencia nos golpea a la puerta, de improviso cuando alguien próximo fallece. En esos momentos la vida se nos puede presentar incomprensible, y el proceso del duelo, una reacción de lo más natural y humano, doloroso. Lo expresa muy bien San Agustín en sus *Confesiones* ante la muerte de un amigo:

> Bien dijo alguno cuando llamó a su amigo «la mitad de mi alma». Vivamente sentía yo que su alma y la mía eran una sola en dos cuerpos; por

> eso me horrorizaba la vida, pues vivía por mitad y, quizá por eso mismo, me horrorizaba la muerte, pues me negaba a que muriera del todo aquel a quien tanto había querido.

Luego rememora las palabras de Jesús en el evangelio de San Juan: «En verdad, en verdad os digo: el que cree, tiene vida eterna», o estas otras: «Todo el que vive y cree en mí, no morirá jamás». Esa es una buena respuesta. Frente al duelo, las religiones ofrecen Esperanza. Cada una a su manera, incluso cada secta puede dar una versión y conceptos diferentes, pero en el fondo similar. No entramos a comparar, respetemos lo que digan, solo miremos el mensaje común. Durante el mismo nuestro estado de ánimo va a sufrir un fuerte bajón, y se presentará un fuerte estrés, según el vínculo con el fallecido. A veces esa depresión puede hacer desear la propia muerte. La Asociación Americana de Psiquiatría advierte que se puede prolongar hasta dos meses en las personas normales. Es un proceso que puede presentar varias fases, al final tiene lugar la aceptación, como dijo la psiquiatra Elisabeth Kübler-Ros en su libro *Sobre la muerte y los moribundos*, que causó gran impacto al traer ese debate de nuevo a la sociedad. Antes citábamos un estudio que afirmaba la importancia de la resiliencia para afrontar el duelo. Es un proceso obligado por el que las personas cuando fallece un ser querido tienen que pasar. No hay que ignorarlo. La humanidad lo ha afrontado de diversas maneras, según la cultura, la creencia y la época. Basta que recordemos cómo lo vivían nuestros abuelos. En las sociedades modernas, tecnológicas y avanzadas, se han perdido muchos de los ritos y tradiciones, y la ceremonia del tránsito se convierte muchas veces en un mero formulismo rutinario, triste y gris. Las personas que lo viven, en esos momentos necesitan más que nunca sentirse acompañadas y recibir el afecto y apoyo de los demás, para poder asumir la nueva situación sin perturbarse.

Thich Nhat Hanh es un monje vietnamita que está considerado como la principal figura busdista después del Dalai Lama. Trabajador incasable por la Paz, fue propuesto para el premio Nobel por M. Luther King. Reside en el sur de Francia en un lugar llamado Plum Village. Ha escrito muchos libros. Tras la muerte de su madre, escribió en su libro *La muerte es una ilusión*, lo siguiente:

> Abrí la puerta y salí al exterior. La ladera estaba bañada por la luz de la luna. La colina estaba cubierta de arbustos de té y mi cabaña se hallaba detrás del templo, en medio de la ladera. Mientras paseaba por las hileras de té iluminadas por la luz de la luna, descubrí que mi madre seguía estando conmigo. Era la luz de la luna que me acariciaba como ella solía hacerlo, con una gran ternura y dulzura… ¡qué maravilloso! Cada vez que mis pies tocaban la tierra, sabía que mi madre estaba allí conmigo. Tenía el convencimiento de que ese cuerpo no era sólo mío, sino una prolongación viva del cuerpo de mi madre, de mi padre, de mis abuelos y de mis tatarabuelos, de todos mis antepasados. Aquellos pies que veía como «mis» pies eran, en realidad, «nuestros» pies. Las huellas que yo iba dejando en el húmedo suelo eran las de mi madre y las mías.

Hay muchas formas de reflexionar sobre la muerte. Los libros sagrados de todas las religiones contienen una fuente fecunda de inspiración. Cada tradición posee sus místicos, que nos transmiten sus vivencias y su camino espiritual y religioso. Para las personas que solemos meditar cada día, el mismo proceso de meditación nos conduce tarde o temprano a plantearlo de manera natural. En esos ratos de profundidad, en esos ratos en que nos planteamos cuestiones universales, cuestiones existenciales, llega un momento en que pensar sobre la propia muerte nos libera del temor. En las tradiciones antiguas, se nos aconseja realizar una reflexión de la siguiente manera. Imaginémonos en un ataúd. Nuestro cuerpo expuesto. Tal como somos ahora. Y contemplemos la escena que ocurre alrededor nuestro, como si fuera una escena de una película. Pensemos en qué día hace, en el lugar donde estamos, en las personas que pasan. Intentemos oír lo que cada uno dice, las emociones que expresan. Los familiares, los amigos, los conocidos, los compañeros, los extraños. Pensemos en la ceremonia, en lo que todos van a decir. Contemplemos sus rostros, su forma de hablar, su forma de moverse. Y si queremos al final anotemos nuestras sensaciones en un diario.

Esta reflexión no es ser derrotista, no es negar la vida. Todo lo contrario, es vivirla más plenamente, ahuyentando los temores que nos agarrotan. Tengamos a mano ese diario, cada vez que repitamos la reflexión, y vayamos anotando las diferentes impresiones que vamos teniendo. Después de haberlo hecho unas cuantas veces.

Repitámosla de nuevo, pero esta vez intentemos pensar en lo que va a suceder después. Cuando nos quedemos solos, cuando todo el mundo se haya ido. Pensemos en lo que sentiremos, en lo que podemos experimentar. Naturalmente aquí entrarán en juego nuestras creencias, y a lo mejor nos dejaremos guiar por ellas. Intentemos diferenciar lo que otros nos han comentado sobre lo que pasa después de morir, de lo que nosotros realmente sentimos. Si creemos en la supervivencia pensemos en qué veremos u oiremos, si nuestros órganos sensoriales no existen; los ojos y oídos humanos reciben unas sensaciones que luego nuestro cerebro elabora. ¿Qué experimentaremos si, por ejemplo, no tenemos los recuerdos? Eso es lo que les pasa a las personas afectadas de Alhzeimer. Si por el contrario, no creemos en la supervivencia, pensemos en qué pasará con todas aquellas sensaciones internas que hemos ido elaborando en toda nuestras vidas. Las que son propias, no los conocimientos que otros nos han transmitido, ni lo que hemos aprendido, sino lo que únicamente nosotros en nuestro interior hemos sido capaces de crear, ¿qué va a pasar con ellos? ¿se trasformarán o desaparecerán?, ¿acabarán en el universo insondable e infinito? Cualquier cosa que concibamos es posible, aunque sea incompleta y personal, que sólo nos sirva a nosotros. Pensemos que hoy la ciencia afirma que nuestro universo no es único, sino que existen múltiples universos paralelos, esta idea se llama multiverso. Una idea que demuestra la complejidad del Cosmos. También nos dice que pueden tener muchas más dimensiones de las que como humanos percibimos. Y que el vacío contiene energía en constante actividad que pudo ser el origen al Big Bang, y por tanto de nuestro planeta y de la especie humana. Tal vez un día nos aclare los misterios de la consciencia humana, del vivir y del morir, de lo que somos, de lo que hemos sido. Mientras tanto el misterio seguirá ahí, esperando nuestra respuesta. Una respuesta que cada uno de nosotros tiene que dar dentro de sí. Una respuesta que no debemos retardar. El Bhagavad Ghita, libro de la tradición religiosa hindú, que el Mahatma Gandhi leía a diario dice:

> No llores por los vivos,
> no llores por los muertos,
> ni yo ni tú, ni nadie de éstos
> dejó de existir ni dejará de existir
> por siempre de aquí en más.
> ¡Todo lo que vive, vive siempre!

Solo hay una Realidad. La Vida y la Muerte forman parte de la misma y única Realidad.

Bibliografía

Allué, Marta, *La piel curtida*, Barcelona, Edicions Bellaterra, 2008.

Blay, Antonio, *Relajación y Energía*, Barcelona, Elicien, 1980.

Boixareu, Rosa, *De l'antropologia filosòfica a l'antropologia de la salud*, Barcelona, Fundació Blanquerna, 2003.

Branden, Nathaniel, *Los seis pilares de la autoestima*, Barcelona, Editorial Paidós, 1996.

Brooks, Robert; Goldstein, Sam, *El poder de la resiliencia*, Madrid, Editorial Paidos, 2006.

Chopra, Deepak, *Las siete leyes espirituales del éxito*, Madrid, Editorial Edaf, 1996.

Clarasó, Noel, *Vive más, vive mejor*, Barcelona, Editorial Iberia, 1957.

Covey, Steven, *El octavo hábito. De la efectividad a la grandeza*, Barcelona, Editorial Paidós, 2005.

Cyrulnik, Boris, *La Maravilla del Dolor. El sentido de la resiliencia*, Barcelona, Editorial Granica, 2003.

Los patitos feos. La resiliencia: una infancia infeliz no determina la vida, Barcelona, Editorial Gedisa, 2002.

El realismo de la esperanza. Testimonios de experiencias profesionales en torno a la resiliencia, Barcelona, Editorial Gedisa, 2004.

El amor que nos cura. Barcelona, Editorial Gedisa, 2005.

Frankl, Viktor, *El hombre en busca de sentido*, Barcelona, Editorial Herder, 1985.

Kateb, Elías. *Piensa, siente, actúa.* Ediciones Robinbook, 2010.

La presencia ignorada de Dios. Barcelona, Editorial Herder.

El hombre doliente. Fundamentos antropológicos de la psicoterapia. Barcelona Editorial Herder.

Psicoterapia y existencialismo. Barcelona, Editorial Herder, 2001.

En el principio era el sentido. Reflexiones en torno al ser humano. Barcelona Editorial Paidós, 2000.

Grané, Jordi; Forés, Anna, *La resiliència,* Barcelona, Editorial UOC, 2007.

Grotberg, Edith, La *resiliencia en el mundo de hoy. Cómo superar las adversidades*, Barcelona, Editorial Gedisa, 2006

Guénard, Tim, *Más fuerte que el odio*, Barcelona, Gedisa, 2003.

Manciaux, Michel, *La resiliencia: resistir y rehacerse,* Barcelona, Gedisa, 2003.

Masters, Roy, *Como influye la mente en su bienestar*, Buenos Aires, Editorial Central, 1976.

Melillo, Aldo; Suárez Ojeda, Elbio Néstor, *Resiliencia. Descubriendo las propias fortalezas*. Buenos Aires, Paidós, 2002.

Quintero, Ángela; Puerta, María, *La resiliencia: otra perspectiva de la salud familiar*, Medellín, Facultad Nacional de Salud Pública, 2000.

Peale, Norman V., *El poder del pensamiento tenaz*, Barcelona, Editorial Obelisco, 2006.

Rocamora, Alejandro, *Crecer en la crisis. Como recuperar el equilibrio perdido*, Bilbao, Editorial Desclée de Brouwer, 2006.

Rojas Marcos, Luis, *Superar la adversidad. El poder de la resiliencia*, Madrid, Editorial Espasa, 2010.

Nuestra incierta vida normal, Madrid, Editorial Punto de lectura, 2006.

La autoestima, Madrid, Editorial Espasa, 2007.

La fuerza del optimismo, Madrid, Editorial Punto de lectura, 2006.

Ricard, Matthieu, *En defensa de la felicidad*, Barcelona, Editorial Urano, 2006.

Saraydarian, Torkom, *La ciencia de ser uno mismo*, Buenos Aires, Kier, 1991.

Siebert, Al, *La resiliencia. Construir en la adversidad.* Barcelona, Alienta Editorial, 2007.

Vanistendael, Stefan, *La resiliència o el realisme de l'esperança. Ferit, però no vençut (BICE),* Barcelona, Editorial Claret, 1999.

Vanistendael, Stefan; Lecompte, Jacques, *La felicidad es posible. Despertar en niños maltratados la confianza en sí mismos: construir la resiliencia*, Barcelona, Editorial Gedisa, 2002.

Internet

Manual de identificación y promoción de la resiliencia en niños y adolescentes:
http://resilnet.uiuc.edu/library/resilman/resilman.html

Sobre Resiliencia. El pensamiento de Boris Cyrulnik. Aldo Melillo:
http://www.redsistemica.com.ar/melillo.htm

Página sobre Resiliencia de la psicóloga Vanessa Narváez Peralta:

http://www.resilience.es/Resiliencia.html

Comunidad Latinoamericana en Resiliencia: http://comunidadenresiliencia.blogspot.com/

Red Global de Resiliencia: http://www.globalresiliency.net/

Centro De Resiliencia. Portland. EEUU: http://www.resiliencycenter.com/

Construyendo Resiliencia. Página de los psicólogos Merv Gilbert y Bob Acton: http://www.resiliencybuilder.com/about.htm

Centro para la Resiliencia Familiar. Universidad de Illinois: http://familyresiliency.illinois.edu/

Centro de Investigación en Resiliencia. Universidad McGill. Canadá: http://www.resilienceresearch.org/

Página de Resiliencia de la Asociación Americana de Psicología: http://www.apa.org/practice/programs/campaign/resilience.aspx

En esta misma colección:

Piensa, siente, actúa
Elías Kateb

Aprende a vivir con plenitud cada momento.

Mindfulness (o el poder de la atención plena) es un estado o actitud vital. Se trata de una práctica milenaria que puede ayudarnos en las tareas que requieran concentración, a orientar nuestras decisiones, a descansar mejor, a fortalecernos y aliviar pequeños dolores y, en definitiva, a conocernos mejor.

Su práctica se ha extendido por todo el mundo como reguero de pólvora y consta de cuatro grandes fundamentos: la atención del cuerpo, la atención de los sentimientos, la atención del estado de la mente y el cultivo de la vida perso-

Rejuvenece tu cuerpo
E. J. y S. Blawyn con S. Jones

Una guía básica para rejuvenecer nuestro cuerpo.

¿Estás descontento con tu actual nivel de energía física y mental? ¿Te han desilusionado las habituales técnicas occidentales que tratan a tu cuerpo físico como si estuviera disociado de tu ser espiritual? Las técnicas y los ejercicios que presenta este libro, basados en el taoísmo, Tai Chi Chuan, Hatha Yoga, danzas sufís y de la cultura indígena norteamericana, te ayudarán a estimular toda tu fuerza vital.

Aunque tenga miedo, hágalo igual

Susan Jeffers

Libérese de los temores, sea quién quiere ser y viva la vida como realmente desea vivirla.

Cuando corremos un riesgo, cuando nos adentramos en territorios poco familiares o nos enfrentamos al mundo de una forma nueva, experimentamos miedo. Y, muy a menudo, ese miedo evita que progresemos en nuestra vida. Para que esto no suceda, lo mejor que podemos hacer es explorar los obstáculos que nos impiden vivir a nuestra manera, evitar elegir el camino más cómodo y aprender a identificar las «excusas» que nos hacen resistirnos a cualquier cambio.

Pensamiento positivo

Vera Peiffer

El método práctico para disfrutar de la vida.

El optimismo puesto en acción para conquistar el éxito y la salud.

Este libro expone una serie de ideas y ejercicios prácticos que nos ayudarán a eliminar los obstáculos y a conquistar el control de nuestro propio futuro mediante:

- La elaboración de un programa adaptado a la personalidad de cada individuo,
- La superación del estrés en la vida doméstica y en el trabajo,
- La toma de contacto con los sentimientos interiores y la eliminación de los pensamientos negativos.

Pide y recibirás

Pierre Morency

¡Sé audaz! ¡Pide y conseguirás lo que desees!

«La gente que tiene éxito, actúa. A la que le gustaría tenerlo, reflexiona.» Después de leer esta frase entenderás que si realmente quieres cumplir tus deseos, debes tener la audacia de pedir.

Pierre Morency lleva más de veinte años realizando investigaciones científicas sobre el éxito y aquí propone mostrarnos el fruto de dichas investigaciones. Uniendo su formación de físico a una curiosidad insaciable, el autor pone en tela de juicio las evidencias con el fin de demostrar que el mundo no es tal y como lo concebimos.

Resiste y vencerás

Alain Samson

Cómo salir a flote de cualquier situación y trabajar con líneas emocionales positivas.

El autor nos revela las diez claves precisas para vivir más feliz: escuchar a tus sentimientos, identificar los temores injustificados, descubrir lo que te hace vibrar, saborear el presente o encontrar cualidades en las personas que nos rodean, son algunos ejemplos. Nadie se libra de pasar determinadas pruebas en la vida, ya sean pequeñas o grandes. Pero todo el mundo puede afrontarlas… y triunfar.

En la colección VITAL:

Aprende a vivir con optimismo

Catherine Douglas

Este libro nos presenta un resumen de las más eficaces ideas y consejos para alcanzar las metas que nos propongamos. La autora nos enseña cómo motivarnos aplicando las técnicas del pensamiento positivo, desarrollo de la autoestima, afirmaciones, visualizaciones, autosugestión, etc. Catherine Douglas nos ahorra teoría y va directamente a lo práctico, aportando consejos que pueden aplicarse de manera inmediata.

Mejora tu salud emocional

Robert Cameron

Este libro trata ante todo de ti. Está centrado en tus emociones, en tu aptitud individual para crear una fuerte autovaloración para aumentar gradualmente tu autoestima. A través de las afirmaciones que te propone, puedes aprender a expresar sentimientos, a disfrutar de tu propia compañía y a actuar espontáneamente. Una guía muy práctica diseñada como un viaje en el que podrás abordar los momentos en que has modelado tu personalidad, tu representación de la realidad y la forma en que ésta se proyecta hacia los demás.

Si quieres, puedes

Daniel y Patricia Day

Los autores han conseguido con esta obra que miles de personas vuelvan a confiar en sí mismas, proponiéndonos numerosos ejercicios de meditación, afirmaciones y consejos que te ayudarán a confiar en tu sabiduría intuitiva y también a mejorar emocional y espiritualmente para conseguir una vida más intensa y sobre todo, feliz.